PROMENADE

AUX

[illegible]TIÈRES DE PARIS

AVEC QUARANTE-HUIT DESSINS

[illegible]ANT LES PRINCIPAUX MONUMENS QU'ON Y REMARQUE, [illegible]TICULIÈREMENT LES TOMBEAUX DES PERSONNAGES LES [illegible]ÈBRES.

PAR M. P. DE S.-A.

SECONDE ÉDITION

[illegible] corrigée, considérablement augmentée, et enrichie d'un plan détaillé du Cimetière du Père Lachaise.

Aux mânes de nos concitoyens.

PARIS

L.-F. PANCKOUCKE ÉDITEUR

RUE DES POITEVINS, N. 14.

1825.

AVERTISSEMENT.

Les *cimetières de Paris*, tels qu'on les voit aujourd'hui, ne datent que de quelques années avant la révolution française, et déjà il faut les compter parmi les établissemens les plus remarquables de cette capitale. Ils méritent l'attention des étrangers, aussi bien que celle des Parisiens. Ces derniers vont y visiter particulièrement les cendres que des liens de parenté ou des souvenirs d'amitié leur rendent chères. Les étrangers viennent y admirer les monumens érigés pour conserver la mémoire des Français dont les belles actions ou les ouvrages ont porté le nom au-delà des limites de la France.

Paris est la seule ville de l'Europe qui présente des cimetières aussi pittoresques. Dans tous les autres pays, les lieux qui reçoivent la dernière dépouille de l'homme ne sont ornés que de croix, ou n'offrent que quelques tombes recouvertes de simples pierres. L'usage d'enterrer les morts illustres dans les églises existe toujours dans ces pays, et les cimetières n'ont rien qui les rende recommandables à la curiosité des voyageurs. Ceux de Paris, au contraire, frapperont d'étonnement tous ceux qui, pour la première fois, admireront la diversité des monumens qui y sont rassemblés, la variété de leur distribution, les modestes jardins qui les entourent, et les arbres qui les ombragent.

La description de ces jardins consacrés au trépas ne pouvait en conséquence manquer d'intérêt : aussi la première édition de cet ouvrage a-t-elle été promptement épuisée; le public en réclamait depuis long-temps une nouvelle édition : nous la lui présentons aujourd'hui, revue et corrigée avec soin.

La première édition offrait un grand nombre de dessins, représentant les tombeaux les plus remarquables, soit par leur architecture, soit par les noms dont ils conservent la mémoire. Nous avons considérablement augmenté ces dessins. Dans la foule des monumens élevés depuis la publication de l'édition précédente, nous avons mentionné ceux qui appartiennent, soit à des citoyens utiles, soit à d'illustres personnages. Nous avons particulièrement étendu l'article consacré au *Cimetière du Mont-Louis*, dit le *Père La Chaise*, en raison de la préférence que ce champ du repos a obtenue depuis quelques années. Le succès général que la *Promenade aux Cimetières de Paris* a obtenu, nous faisait un devoir de le rendre de plus en plus digne de l'attention des lecteurs.

TABLE ALPHABÉTIQUE

Des personnes mentionnées dans cet ouvrage, dont les tombes se trouvent dans l'un des quatre cimetières de Paris.

Aboville (d') 117
Agasse 85
Andrieu 157
Angéline 117

Bacot (mad.) 176
Bacoffe (mad.) 22
Ballet (Hippolyte) 161
Barilli (mad.) 135
Barry 131
Beaumarchais 97
Bellanger 68
Bellay (Mlle.) 126
Belle 180
Berckeim 130
Bergon (mad.) 72
Bernardin de St-Pierre 70
Bervic 68
Beurnonville 101
Blanchard (mad.) 74
Boituzet (mad.) 123
Bosquillon 71
Boufflers 63
Bourcke 101
Breguet 70
Brochant 89
Brongniard 68
Buisson 154
Buisson (Mlle) 154
Cadet de Gassicourt 108
Cadoudal (Georges) 176
Caldélari 159
Camille Jordan 107
Chameroy (Mlle) 22
Chanlot (Mlle) 19
Chenier 60
Chimaller 178
Clairon (Mlle) 152
Clary 131
Collaud 99
Colloredo 101
Combs 23
Compans 101
Cottin (mad.) 105
Crozet (Mad.) 22
Crublier de St-Ciran (Mlle) 19

Dazincourt 29
Davoust 131

TABLE ALPHABÉTIQUE.

Decrès 101
Delille 61
Demidoff (mad.) 97
Deschaumes (Mlle) 31
Desciue 158
Desfammes 131
Desoer 162
Detrès (mad.) 151
Devilliers 177
Ducis 179
Dumont 17
Dumuy 99
Durand (Mlle.) 17
Durand (mad.) 30
Dureau-Delamalle 64
Dussault 173
Du Tremblay 89

Eliçagaray 74

Fassaud (de) (Marie-Charlotte) 171
— (Marie-Jeanne) 171
Fieffé 89
Fleuriet (Mlle.) 89
Fontanes 96
Fould (mad.) 54
Fourcroy 71
Fournier (mad.) 168

Galin 75
Gauthier (l'abbé) 127
Gautier 89
Geoffroy 136
Ginguené 65
Giosi (Mlle) 165
Greiffulhe 114
Grétry 69
Guillaume 131
Guyot (mad.) 110

Haüy 70
Héloïse et Abélard 50

Isabei 80

Jannetty (mad.) 169
Jonquières (Mlle de) 87
Jouvenceau (mad.) 157
Julien 19

Kellermann (mad. de) 82
— (duc de Valmy) 82
Kœnig 135
Komarswscki 112

Labédoyère 85
Lachi 179
Lafitte 131
Lafontaine 114
Lagrasse (mad. de) 156
Laharpe 152
Lallemant 76
Lamarck (comtesse de) 131
Lancival 177
Larmoyer 15
Latour-Dupin (Th.) 23
— (Fr.-H.) 72
Laujon 133
Laurence 25
Laurent 27
Lauvrière (mad. de) 28
Lavalette 169
Lebel (mad.) 18
Lebeuf 172
Lecouteulx 18
Lefebvre 113
Lefebvre 100
Lefebvre 131
Legouvé 20
Legouvé (mad.) ib.
Lemaire 88
Lenoir (Mlle) 163
Lenoir Dufresne 132
Lépine (mad. de) 26
Leroux 94
Leroy (Alph.) 167

TABLE ALPHABÉTIQUE.

Lombard-Richebourg (mad.) 27
Loyson 90

Magimel (Mlle) 156
Mahé (Mlle) 31
Mairat de St-Cyr 134
Massena 98
Mariano 164
Méhul 73
Mentelle 63
Mestrezat 104
Michel (mad.) 122
Molière 116
Monge 77
Montègre 65
Montmorency-Robecq 166
Morellet 79
Mounier 170
Muller (Ch.-Guill.) 130
— (Em.-Ad.) ib.
— Muller (Fréd.-Ad.) ib.
Muneret 165

Nansouty 93
Nardot 16
Nascimento 119
Nau (Al.-Const.) 66
— (Alex.-Ed.) 67
— (Alf.) ib.
— (Alph.) ib.
Neveu 178
Nivelin (mad.) 81
Ney 95

Palisot de Beauvois 128
Palissot 123
Panckoucke 83
— (mad.) 84
Parmentier 108
Parny 69
— (mad.) ib.
Perdonnet (mad.) 24

Pichegru 175
Pierre 121

Rabaut-Pommier 103
Ravennel (mad.) 56
Raucourt (Mlle.) 80
Ravrio 58
Regnauld (de St-Jean-d'Angély) 56
Rémond 80
Rossi (de) 180

Sabbatier de Cabre 126
Saint-Lambert 24
Saint-Marcellin 96
Saucé (mad.) 122
Savigny (Scolast.) 32
Serrurier 101
Sicard 102
Soehnée 129
— (mad.) 129
— (Jean-Fréd.) 130
Souques 78
Stone 106
Suard 64

Tallien 125
Tessier 131
Trémeau (Mlle) 68
Treneuil 124

Urquijo 118

Valenciennes 79
Van Spaendonck 70
Varoquier (Mlle.) 33
Very 26
Vesques (Mlle) 55
Villaret 161
Vincent 68
Visconti 60
Volney 107

PROMENADE

AUX CIMETIÈRES DE PARIS,

AUX

SÉPULTURES ROYALES

DE SAINT-DENIS,

ET AUX CATACOMBES.

INTRODUCTION.

L'USAGE était, avant la révolution, d'enterrer les morts dans l'intérieur des villes. Les prêtres du christianisme, suivant à la lettre le précepte de l'évangile, qui recommande à l'homme de penser sans cesse à la mort, avaient multiplié autour des chrétiens les images, les simulacres et les établissemens qui pouvaient à chaque instant leur rappeler cette idée mélancolique et salutaire. Voilà pourquoi les prêtres, dans le temps où ils exerçaient une si grande influence sur la société, introduisirent la méthode d'ensevelir les morts au milieu même des habitations des vivans.

Les anciens brûlaient les corps des personnes décédées, et ensevelissaient leurs cendres loin des villes, dans des solitudes écartées où tout inspirait la tristesse et la mélancolie. Un silence solennel et mystérieux régnait dans ces sombres asiles du trépas; et, si quelques grandes familles élevaient des tombeaux à leurs proches ou à leurs amis, c'était toujours à la campagne et loin des villes : ils se plaisaient à fixer la dernière demeure des personnes qu'ils avaient chéries, dans les endroits retirés, sous l'ombrage de quelque arbre, ou sur les bords d'un ruisseau; par une heureuse illusion, ils croyaient que le doux murmure de cette onde réjouissait les mânes de ceux dont ils regrettaient la perte.

De tous les peuples de l'antiquité, les Romains furent les premiers qui négligèrent cet usage d'éloigner les morts du séjour des vivans. Leur coutume était de placer les tombes des morts sur les bords de ces grandes routes qui partaient de la ville éternelle, comme d'un centre commun, pour se rendre dans les différentes provinces de l'empire : ainsi disposées autour de la ville de Rome, ces tombes s'étendaient, sur certaines routes, à plus d'une lieue. La voie Appienne était surtout célèbre par les magnifiques monumens qui la bordaient, et les voyageurs qui venaient pour la première fois à Rome étaient tout étonnés de voir qu'il leur fallût traverser une *ville des morts* avant d'entrer dans la capitale du monde.

Cet usage, de disposer ainsi les monumens destinés à renfermer les dépouilles des humains, ne manquait pas d'inspirer de sages réflexions. Ces monumens rappelaient l'homme à la vertu, en lui montrant incessamment le néant des choses de la terre. Cependant il nous semble que ce spectacle répété de la mort devait, à la longue, perdre beaucoup de son effet. Les sensations, qui se renouvellent trop souvent, s'émoussent bientôt, et deviennent presque nulles pour le cœur de l'homme. La vue inopinée d'un tombeau, dans un lieu solitaire, fait sur le spectateur une impression bien plus durable que l'aspect habituel des cimetières. L'homme aime les sensations inattendues; et telle est sa nature, qu'il cesse bientôt de remarquer ce qu'il voit trop souvent. Il n'est point, par exemple, d'individus qui pensent moins à la mort et en aient moins de crainte, que les fossoyeurs et ces hommes destinés à conduire les corps des décédés, que le vulgaire, à Paris, toujours plaisant, même dans les choses les plus graves, désigne sous le nom caractéristique de *croque-morts*.

Quoi qu'il en soit de ces réflexions que notre sujet fait naître malgré nous, les prêtres chrétiens, guidés, ainsi que nous l'avons dit plus haut par une explication forcée d'un précepte de l'évangile, exagérèrent encore l'usage des Romains. Pour rendre, autant qu'il leur était possible, l'idée de la mort toujours présente à l'imagination des peuples qu'ils dirigeaient, ils fixèrent la sépulture des chrétiens dans l'intérieur même des villes. De vastes cimetières furent en conséquence disposés autour des églises, et formaient, pour ainsi dire, les parcs et les jardins de ces maisons de Dieu. Chaque église paroissiale avait le sien, et les hommes, chacun dans sa paroisse, venaient tous, à la fin de leur vie, se réunir sous les yeux de Dieu à ce grand dépôt de la mort.

Pendant long-temps l'égalité du trépas fut gardée dans ces asiles lugubres. L'homme riche et l'homme puissant venaient indistinctement dans les cimetières prendre leur place à côté du faible ou du pauvre. Nul signe ne les distinguait les uns des autres, et la croix sépulcrale et l'herbe des champs, image sublime de la vanité des hommes, couvraient également les deux tombes.

Mais quand la sévérité des premiers temps du christianisme se fut affaiblie; quand l'humilité des premiers fondateurs de la religion eut dégénéré en orgueil chez leurs successeurs; lorsque surtout les princes de la terre eurent reconnu la loi du Seigneur, alors avec le luxe naquit, dans l'église devenue riche, le goût des honneurs et des distinctions. D'abord, pour faire leur cour aux grands du monde, les prêtres de l'église chrétienne permirent aux seigneurs et aux personnes riches de se distinguer du vulgaire en désertant la sépulture commune des cimetières, et en se faisant enterrer séparément dans les temples. Ensuite les pasteurs eux-mêmes, jaloux d'honneurs et de distinctions semblables, adoptèrent à leur tour l'usage des sépultures particulières, et les établirent également dans les églises.

Cet usage était devenu si commun que le pavé des temples était tout entier composé de tombes, sous lesquelles reposaient les corps de ceux qui avaient obtenu des concessions particulières. De longues et emphatiques épitaphes, qui rappelaient les titres du défunt bien plus que ses vertus, se lisaient sur ces pierres sépulcrales. Nous le dirons avec franchise, cette coutume de déposer ainsi les morts sous le pavé des églises nous a toujours semblé aussi indécente qu'insalubre. Ceux qui recherchaient ces sortes de sépultures le faisaient pour se distinguer du peuple, et souvent leur tombe recevait plus d'outrages et plus de mépris que la terre légère qui couvrait les os du pauvre dans le cimetière commun.

Une multitude, sans cesse renaissante, et souvent très-peu respectueuse, foulait aux pieds et la cendre de ces morts orgueilleux et leurs pompeuses épitaphes. Etrange et consolant effet de la justice divine! La cendre de ceux qui voulaient ainsi se séparer du reste des humains était moins respectée que celle de cet homme dont la mort avait été aussi humble que sa vie ; l'obscur campagnard, qui ne fut connu que par sa vertu ;

...... Qui, de son rang faisant rougir le sort,
Servit son Dieu, son roi, son pays, sa famille;
Qui grava la pudeur sur le front de sa fille,
Par le respect des siens fut encore honoré....

Bientôt même l'honneur d'être ainsi enterré dans la maison du Seigneur, et sous le pavé des temples, ne suffit plus à l'orgueil des grands. A cet usage succéda celui d'ensevelir les morts de quelque importance dans des espèces de caves sépulcrales voûtées, que l'on creusait sous le chœur des églises. La vanité humaine est une passion tellement contagieuse, qu'en peu de temps cette méthode devint aussi générale que la première. Le sol des églises, creusé à de grandes profondeurs, forma d'immenses souterrains, où dans des cercueils de plomb étaient déposés les cadavres de ceux à qui ils avaient été concédés. Chaque église paroissiale avait ainsi un plus ou moins grand nombre de ces caveaux. Le plus souvent ils appartenaient aux seigneurs des paroisses, et quelquefois aux archevêques, évêques, abbés commendataires, curés, etc. Des générations d'hommes puissans venaient ainsi s'engloutir dans ces lieux souterrains; et souvent, malgré les inscriptions gravées sur la pierre ou sur le marbre, leur mémoire périssait avec leur existence le lendemain de leurs obsèques.

L'usage de renfermer ainsi la cendre des morts célèbres dans l'intérieur des temples, outre qu'il était peu convenable à la majesté du lieu, avait l'inconvénient de donner à l'architecture une direction fausse et ridicule. Obligés de proportionner à la petitesse des édifices les monumens destinés à honorer, aux yeux de la postérité, la mémoire des grands hommes, les architectes n'ont produit que des ouvrages mesquins, indignes à jamais d'être exposés au grand jour et dans le vaste champ de la nature. Nous le demandons, quel effet produiraient, isolés dans la campagne, ou, à l'exemple, des Romains, sur nos routes, ces tombeaux surchargés d'ornemens, dont les masses sont si écrasées, et qui ont à peine, dans leur plus grande dimension, douze pieds carrés? Assurément cet effet serait nul; les regards s'arrêteraient à peine sur les tombeaux connus sous le nom de de Louis XII, François Ier, Richelieu, etc., les seuls pourtant que l'on puisse citer avec quelque éloge. Aussi les artistes ont-ils déploré dans tous les temps cette manie d'ériger dans les temples ces sortes de monumens. Les poëtes eux-mêmes se sont élevés contre cet usage, et nous possédons sur ce sujet des vers de Delille que nous aimons à citer :

Eh! pourquoi donc cacher, barbares que nous sommes,
Loin de l'éclat du jour les tombeaux des grands hommes?
Oh! que tels n'étaient point ces peuples d'autrefois,
Si rians dans leurs mœurs, si sages dans leurs lois :
En foule dispersés dans un beau paysage,
Les tombeaux d'un héros, d'un poete, d'un sage,
A l'œil religieux s'offraient à chaque pas ;
Le grand jour en chassait les ombres du trépas ;
Mollement inclinés sur ces mânes célèbres,
Des arbres leur prêtaient leurs plus douces ténèbres ;
L'olivier, cher aux morts, symbole de la paix,
Les lauriers triomphans, mariés aux cyprès,
Ombrageaient les vertus, les arts ou la victoire.
On croyait parcourir les jardins de la gloire ;
Le deuil s'y dérobait sous l'éclat des honneurs,
Et leur noble aiguillon pénétrait dans les cœurs.

cessé depuis de recevoir les dépouilles des hommes les plus remarquables. Le *cimetière de Vaugirard*, après avoir été agrandi, s'est trouvé tellement encombré, qu'il est devenu nécessaire de le fermer ; il est remplacé, depuis quelques mois (septembre 1824), par le *cimetière du Mont-Parnasse*, autrement dit *cimetière du Sud.* Ce dernier lieu de sépulture remplace également le *cimetière de Ste-Catherine*, que son encombrement a fait également fermer il y a quelques années.

Nous allons parcourir successivement ces divers cimetières, et nous mentionnerons les tombeaux les plus remarquables qu'ils renferment.

CIMETIÈRE DE MONTMARTRE,

OU

CHAMP DU REPOS.

Il est situé au nord de Paris, entre cette ville et Montmartre. On y arrive par la barrière *Blanche*, ou parcelle de *Clichy*.

Le cimetière de *Montmartre* est le premier qui ait été mis en activité ; aussi offre-t-il les tombes les plus anciennes. On le nomma d'abord le *Champ du Repos*, nom qui répond parfaitement à la destination du lieu, et qui parle bien plus éloquemment à l'âme que celui de *Cimetière*. C'est bien véritablement en effet le *Champ du Repos*, que celui qui sert de dernier asile à l'espèce humaine ! c'est bien là que l'homme, après une vie agitée et passée dans la dissipation, retrouve la tranquillité qui l'avait fui ! c'est bien là que le voyageur, après une course plus ou moins longue, vient enfin se reposer des fatigues de la route ! Combien de malheureux, que les hommes ou les circonstances avaient jetés sur le chemin de l'infortune, n'ont trouvé que là l'oubli de tous leurs maux, de tous leurs chagrins ! *Champ du Repos !* tu es vraiment l'unique séjour de la paix pour l'homme ! Celui qui le premier donna ce nom à cet enclos, destiné à recevoir dans son sein les débris des générations, avait sans doute long-temps médité sur les misères de notre existence, puisqu'il trouva le mot qui peut le mieux indiquer l'espèce de port où le temps fait successivement reposer tous les membres de la grande famille humaine.

Nous voyons avec regret que le nom de *Champ du Repos* n'a point prévalu sur celui de *Cimetière Montmartre.* Il était une leçon de morale pour le méchant, et un mot de consolation pour l'homme juste et vertueux : l'autre n'exprime qu'une idée vulgaire; il afflige sans émouvoir; il présente à l'imagination l'idée de la mort, avec toute sa sécheresse désespérante; le *Champ du Repos*, au contraire, semble sourire au cœur de l'homme; et, en lui montrant la mort comme le terme de ses souffrances, il lui donne le courage de les supporter, et lui fait envisager sans crainte le dernier événement qui le rendra à la paix et au bonheur.

Le *Champ du Repos*, ou *Cimetière Montmartre*, est assis dans l'emplacement d'une ancienne carrière à plâtre. L'irrégularité même qu'il doit à cette situation plaît à l'œil. Au moment où vous entrez dans ce lieu sombre, son aspect pittoresque et romantique vous inspire une douce tristesse, une mélancolie touchante. Il semble que la vallée des âmes s'ouvre devant vous; la vue de ces arbres toujours verts, de ces bosquets printaniers, de ces modestes jardins, rappelle à votre imagination les Champs-Élysées des poëtes; et, sur ces collines verdoyantes qui s'élèvent à droite et à gauche, vous croyez voir errer les ombres de ces personnages antiques que leur muse a chantés.

> Vous croyez quelquefois, au déclin d'un jour sombre,
> D'une Héloïse en pleurs entendre gémir l'ombre.

En effet, lorsque la porte du Champ du Repos s'ouvre devant vous, votre vue plonge dans une vallée assez profonde; des tombeaux épars çà et là, et entourés de verdure, annoncent que vous êtes dans le séjour des morts.

Au fond de la vallée, un peu sur la gauche, est la grande fosse commune. C'est l'endroit où l'on enterre indistinctement et pêle-mêle ceux à qui les familles, par défaut de fortune ou d'affection, n'ont point accordé l'honneur d'un tombeau. Ces vastes fosses se creusent dans toute la largeur des cimetières, et cependant elles se remplissent avec une rapidité qui effraie. Ah! c'est avec raison qu'un poete a dit que la fécondité de la mort est inépuisable!

Trois espèces de collines se remarquent dans l'enceinte du Champ du Repos. La première et la plus considérable est à droite en entrant; elle fait presqu'un tiers du cimetière, et forme la continuation de la grande colline de Montmartre. Les carrières du Champ du Repos étaient au pied de cette colline, et c'est le terrain fouillé qui forme la vallée dont nous avons parlé. La seconde colline est à gauche; c'est la plus petite. Elle ne sert presque qu'à supporter les murs de clôture : à peine si, dans quelques endroits, on peut passer sur la crête; tant le sentier qui y est pratiqué est étroit et escarpé. Enfin, la troisième colline se trouve au fond de la vallée, en face de la porte d'entrée, et elle supporte un petit bâtiment, où les ouvriers et les fossoyeurs déposent leurs outils.

Le cimetière de Montmartre, étant le plus ancien de tous les cimetières de Paris, et n'offrant pas d'abord une très-vaste étendue, s'est trouvé, il y a quelques années, tellement rempli, qu'il devint indispensable de le fermer.

On cessa d'inhumer dans ce Champ du Repos, et le cimetière de Mont-Louis, beaucoup plus considérable, consacré par un plus grand nombre de monumens, recueillit son triste héritage. Pendant un espace de temps assez long, le Champ du Repos est en conséquence demeuré dans l'abandon. Les tombes ont cessé d'être visitées et ornées; le travail sourd et lent de la nature a bientôt combattu le travail de l'homme. La mousse, le lierre, ou d'autres plantes parasites, se sont emparés des monumens. En vain la pierre et le marbre ont été travaillés à grands frais pour perpétuer le souvenir des morts, le temps l'emporte; l'inévitable main de la destruction a touché ces tombes superbes. C'est ainsi que, dans la plupart de ses parties, le cimetière Montmartre offre l'image du chaos; les monumens noircis ou brisés sont confondus pêle-mêle; en vain cherchez-vous à reconnaître quelque tombe chère à votre mémoire; elle disparaît dans la foule, et l'épitaphe effacée laisse à peine entrevoir encore quelques caractères.

L'abandon du cimetière Montmartre a duré longtemps. Ce n'est que récemment qu'il a été rouvert. Le gouvernement ayant acquis le vaste territoire qui l'avoisine, il est devenu possible de lui rendre sa destination primitive. Nous avons vu disparaître l'ancien mur de clôture; et déjà un assez grand nombre de tombes nouvelles offrent un contraste remarquable avec les anciennes. Il est vrai que le Champ du Repos, jadis accoutumé à recevoir les morts les plus célèbres, a cédé cet honneur au Mont-Louis, et n'est plus aujourd'hui que le rendez-vous des familles obscures. A peine parmi les monumens nouveaux peut-on en distinguer un seul; des simples pierres couvrent des morts inconnus; des noms

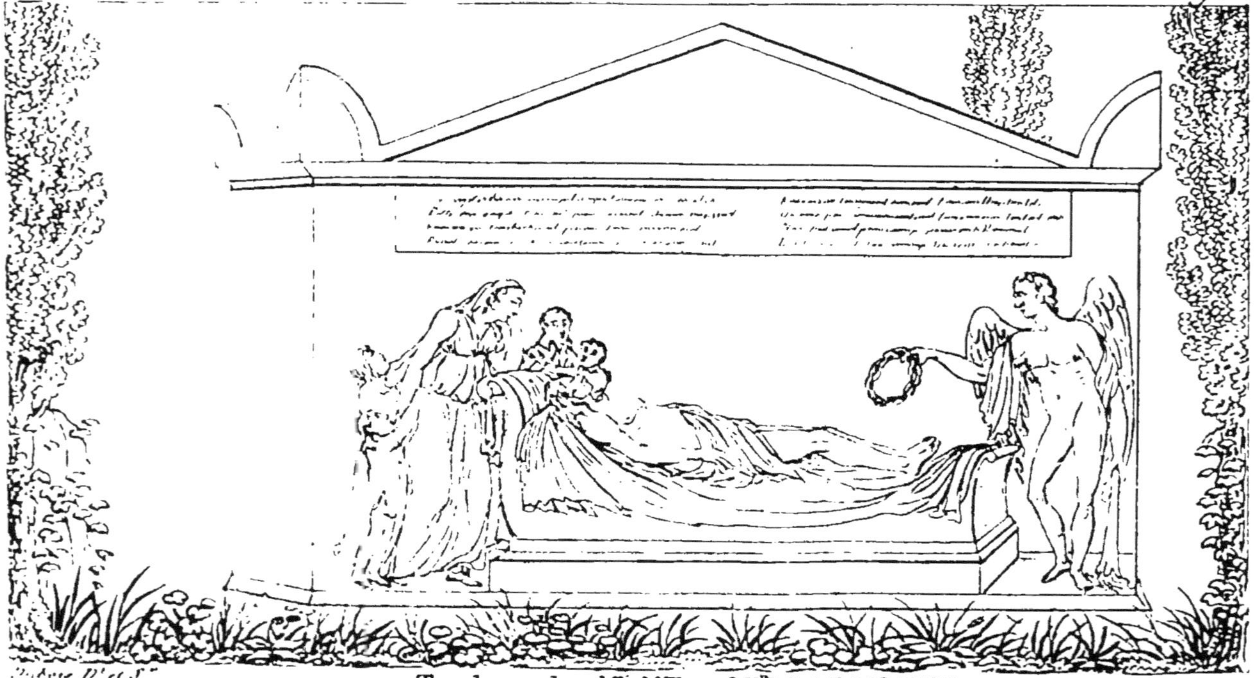

Tombeau de Mr Mme et Mlle LARMOYER.

sans gloire sont inscrits sur des tombes sans ornemens. L'architecture ne s'exerce presque plus, et les magnificences des tombeaux de Montmartre ne sont plus guère que des couronnes de roses ou d'immortelles, des fleurs, et souvent un simple gazon.

Singulier empire de la mode! elle exerce son influence jusque dans l'asile où il ne reste plus rien de l'homme. Aujourd'hui c'est au père La Chaise que les familles célèbres choisissent une place. Cet immense jardin de la mort semble destiné à recevoir ce qui reste de toutes les supériorités contemporaines. C'est le dépôt de toutes les aristocraties de l'époque. Le cimetière Montmartre ne reçoit presque plus que l'humble roture.

Les agrandissemens qu'a reçus le Champ du Repos ont plus que doublé son étendue. Mais les parties nouvelles n'offrent encore qu'une côte blanche, sans arbres et sans verdure. Les tombes que l'on y distingue déjà n'offrent encore à l'œil que sécheresse et qu'aridité. Elles attendent que des mains pieuses se chargent du soin de les orner de quelques plantations.

Nous allons successivement citer, dans l'ancien cimetière de Montmartre, les tombeaux qui nous ont paru les plus dignes d'attention, soit par leur construction, soit par les épitaphes qui y sont gravées. Le petit nombre de tombes récentes que cet asile du repos a reçues depuis son agrandissement, n'offrant presque rien de remarquable, nous nous bornerons, à cet égard, à quelques indications.

I. Le premier qui se rencontre, en entrant dans le Champ du Repos, est à gauche, presqu'à côté de la porte. Il a été élevé par madame LARMOYER à son mari, mort à l'âge de quarante ans; et il est décoré, sur le devant, d'un bas-relief, et, sur le derrière, d'une inscription en lettres dorées, sur un fond noir.

Le bas-relief représente M. Larmoyer sur son lit de mort. Au pied du lit est un génie, qui tient de la main droite une couronne, et de la main gauche un flambeau renversé. Au chevet, on voit madame Larmoyer, entourée de ses quatre enfans. La plus vive douleur est peinte sur son visage; derrière elle, sa fille, représentée dans l'âge le plus tendre, est à genoux, et lève ses petites mains au ciel, tandis que ses trois jeunes frères expriment, de la manière la plus touchante, la douleur dont ils sont pénétrés. Derrière le monument on lit cette épitaphe :

La parque inflexible et jalouse,
Sourde à tous nos gémissemens,
Ravit l'époux à son épouse,
Ravit le père à ses enfans.
Malgré l'amour qui le protége,
L'irrévocable arrêt du sort
L'entraîne, avec un noir cortége,
Du lit d'hymen au lit de mort.

Une autre inscription, placée sur l'un des côtés du monument, nous apprend que, quelques mois après, madame Larmoyer et sa fille allèrent rejoindre le père et l'époux qu'elles adoraient.

Le même tombeau les contient aujourd'hui.

II. A gauche, encore en entrant, on voit un large tombeau carré, surmonté de deux urnes funéraires pour tout ornement. Il renferme les cendres de *Pierre Besnard* NARDOT, administrateur des domaines, et de *Thérèse-Henriette* NARDOT, sa fille, épouse de M. DESCHESNES-SAINT-EDMOND, receveur-général.

Sur le devant, on lit cette épitaphe :

Vous qui, pleurant un père, une épouse, une fille,
Cherchez leur ombre errante en ce muet séjour,
Arrêtez un moment, plaignez une famille
Qui vit tous ces objets ravis à son amour.
Ces noms que vous lisez, si chers à sa tristesse,
Rappellent la bonté, les grâces, les vertus,
Les charmes du jeune âge et l'aimable vieillesse,
Sous cette même pierre en un jour abattus.

III. A droite, en entrant, sur un tombeau en pierre, on lit cette épitaphe latine :

Manibus amici rarissimi J.-E. DUMONT, obiti die
27 martis, anno 1812, ætatis ejus 84,

MATER ET FILIA.

Ergo..... perpetuus sopor
Urget! cui pudor, et justitiæ soror
Incorrupta fides, nudaque veritas,
Quando ullum invenient parem?
Multis ille bonis flebilis occidit
Nulli flebilior quàm mihi... JULIA.

IV. Sur la colline à droite, et sur une simple pierre, on lit :

ICI REPOSE
Elisab.-Eulalie DURAND, douée d'une figure céleste ;
elle avait quatorze ans.

Et rose elle a vécu ce que vivent les roses,
L'espace d'un matin.

MALHERBE.

V. Sur la même colline, à droite, et encore sur une simple pierre :

ÉPITAPHE

De *Marie-Thérèse LE BEL*, veuve *Delisle*; composée par son fils.

Son fils, en la perdant, perd sa félicité;
Il ne lui reste plus que son exemple à suivre:
Ce modèle accompli de vertu, d'équité,
Ne paya, qu'en cessant de vivre,
Son tribut à l'humanité.

VI. A l'extrémité orientale de la même colline est une tombe modeste, qu'entoure une grille légère, et qu'ombragent quelques cyprès. Sur une pierre adossée à la muraille, au soleil levant, on lit :

ICI REPOSE

Barthélemi-Pierre LECOUTEULX, de Rouen, mort à Paris, le 16 septembre 1803, âgé de trente-sept ans.

La vie de ce jeune père de famille
Retrace les antiques vertus de nos aïeux!
Il en avait les mœurs.
Cette pierre couvre sa dépouille mortelle.
Son oncle,
Le sénateur *Lecouteulx de Canteleux*,
Sa sœur,
Aimée Lecouteulx, *Geoffroy d'Assy*
L'ont fait placer,
Pour indiquer
A *Louise Foache Lecouteulx*, son épouse,

A *Zoé*, *Louise*, *Aimée*, *Clémence*, } *Lecouteulx*, ses filles

Antoine, *Hubert-Ernest*, } *Lecouteulx*, ses fils.

Où est la cendre sur laquelle ils peuvent laisser
Couler leurs larmes,
Où est la terre qui doit tressaillir
Au son de leur voix.

VII. A côté de cette dernière tombe, et sur une pierre horizontale fort simple, on lit :

ICI REPOSENT

Albert-Marie JULIEN,	*Marie-Marguerite* CHAULOT
Décédé le 1er février 1807,	Epouse de P. E. J. *Julien*,
Agé de 17 ans.	Décédée, le 5 février 1807,
Il n'a pu résister au chagrin	Agée de 38 ans,
De voir sa mère attaquée	La meilleure des épouses et
D'une maladie incurable.	Des mères.

A l'insu l'un de l'autre ils quittèrent la vie ;
Pour sa mère le fils descendit au tombeau ;
Et, pour récompenser un exemple si beau,
A son fils bien aimé le ciel l'a réunie.

La mort même, craignant de séparer leur cendre,
Presque d'un même coup les frappa tous les deux.
Dans la tombe emportant leurs vertus et nos vœux,
Ils ne nous ont laissé que des pleurs à répandre.

VIII. Sur la colline à droite, au milieu d'un jardin planté d'arbres funèbres, est une tombe surmontée d'une petite colonne de marbre, sur le contour supérieur de laquelle est sculptée fort délicatement une couronne de roses. Sur cette colonne on lit l'épitaphe suivante :

CI GIT

Louise-Éléonore-Victoire CRUBLIER de *Saint-Ciran*, née le 22 décembre 1787 ; décédée le 31 mars 1805.

Dans ce tombeau, qu'éleva ma douleur,

Repose pour toujours une fille accomplie.
Elle a fait dix-huit ans le charme de ma vie :
La mort, en la frappant, m'a ravi le bonheur.

IX. Sur la colline, à droite, du côté du midi, on remarque, adossé au mur de clôture, le tombeau commun de monsieur et madame LEGOUVÉ. Ce tombeau, de forme carrée, assez élevé, se distingue facilement des autres, quoiqu'il n'ait rien de somptueux. Il est placé au milieu d'un petit jardin planté d'arbres, et entouré d'une grille assez élégante, en fer. Au côté méridional est un banc en pierre, sur lequel l'auteur du *Mérite des femmes* venait pleurer son épouse, quand il eut le malheur de lui survivre.

Sur la façade principale on lit :

CONSACRÉ

A la mémoire d'*Élisabeth-Adelaïde*
LEGOUVÉ, née SAUVAN.

Ce monde n'était pas digne
De la posséder :
Elle en est sortie pour en chercher
Un meilleur,
Le 7 septembre 1809, dans la trente-quatrième
année de son âge.

Paix éternelle à la cendre sacrée
Que renferme ce monument,
Dernier séjour d'une femme adorée,
Modèle de vertu, d'amour, de dévoûment!
Epouse, fille, sœur et mère,
Elle honora ces titres qu'on révère :
Toujours vivante dans autrui,
Jamais l'amitié, sur la terre,

CONSACRÉ
À la mémoire d'Elizabeth-Adelaïde
LEGOUVÉ née SAUVAN
Dans cette même tombe,
Près d'une épouse chérie,
Repose
Gabriel Marie Jean Bapte LEGOUVÉ
Poëme des Souvenirs de LEGOUVÉ

Dubois D.t et S.p

N'eut un plus digne sanctuaire,
Et jamais le malheur n'eut un plus ferme appui.

Au bas de ces vers on lit :

Vous que j'ai tant aimés, vous me devez des pleurs;
Sur ma tombe, en offrande, apportez vos douleurs.

Sur la façade qui donne, du côté de Paris, est cette autre inscription :

Dans cette même tombe,
Près d'une épouse chérie,
Repose
Gabriel-Marie-Jean-Baptiste LEGOUVÉ,
Membre de l'Institut national
Et de la Légion-d'Honneur,
Décédé le 30 août 1812.

Quelquefois mes amis s'entretiendront de moi :
Je reste dans leurs cœurs, je vivrai dans leurs larmes;
Ce tableau de la mort adoucit les alarmes;
Et l'espoir des regrets, que tout mortel attend,
Est un dernier bonheur à son dernier instant.

Poëme des *Souvenirs* de LEGOUVÉ.

X. Dans le vallon, non loin du petit bâtiment dont nous avons parlé, est une tombe élevée au-dessus de toutes celles qui l'environnent, et entourée d'un petit jardin. C'est le monument de mademoiselle Chameroy, célèbre actrice, dont les funèbres destinées eurent tant de rapport avec celles de mademoiselle Raucourt. Toutes deux fameuses dans leur art, elles reçurent toutes deux des outrages à leur mort. La superstition voulut disputer à leurs corps le peu de terre nécessaire pour les couvrir, et il fallut l'intervention de l'autorité souveraine pour la leur faire obtenir. Reposez en paix, ombres célèbres. Le voyageur qui vous visite s'arrête avec attendrissement, à l'aspect de ces tombes qui vous furent disputées, tandis que celle de vos persécuteurs ignorés n'attirera pas même son regard.

Sur la tombe de mademoiselle Chameroy on lit :

ICI REPOSE.

Adrienne CHAMEROY, décédée, le 23 vendémiaire an XI, à midi, à l'âge de vingt-trois ans.

Toi que regrettent tant de cœurs,
Des pleurs de tous les arts vois ta tombe arrosée;
Au matin de tes ans la mort t'a renversée :
Tout murmure de ses rigueurs.
Mais les Grâces t'aimaient : encor dans l'Elysée
Elles aiment ton ombre et lui jettent des fleurs.

XI. Au fond de la vallée, sur une pierre adossée au mur du nord, est cette épitaphe :

CI GIT

Tomine MARS, épouse de J.-B. *Bacoffe*, décédée à Paris, âgée de dix-neuf ans.

Epouse et mère, à peine en son aurore,
Le trépas la ravit à l'époux qui l'adore.
Hélas! de cet époux, dont la vive douleur
Lui consacre à jamais ses larmes,
Elle eût long-temps fait le bonheur,
Si la candeur et les charmes
Avaient pu du destin désarmer la rigueur.

XII. A l'entrée du vallon, sur une modeste pierre :

Mademoiselle VOLNAIS, du Théâtre-Français, aux mânes de dame veuve CROZET.

Celle qui dort ici, dès ma première aurore,
Me combla de ses soins, de ses tendres secours :

Quand je serai, comme elle, au terme de mes jours,
Mes yeux, en se fermant, la pleureront encore.

Ces vers touchans font autant d'honneur à la protégée qu'à la protectrice.

XIII. Au milieu du vallon, et presque cachée par les peupliers, les cyprès et les saules pleureurs qui l'entourent, est une tombe de forme carrée, et surmontée d'une urne funéraire. Sur une des faces est une épitaphe qui nous apprend que cette tombe est celle de l'épouse de M. COMBS, secrétaire d'ambassade; sur l'autre on lit cette épitaphe dont les vers sont d'un bon époux et d'un poëte médiocre:

Sans mes enfans je viens ici
Pleurer l'épouse la plus chère;
Avec eux je reviens aussi
Y pleurer la plus tendre mère.
De ses amis inconsolables
J'y précède ou je suis les pas.
Hélas! ces momens ne sont pas
Mes momens les plus misérables.
Gardez pour nous votre pitié;
Pour le ciel la mort l'a ravie;
Mais elle abandonne à la vie
L'hymen, l'enfance, et l'amitié.

XIV. Sur une tombe très-modeste, située au milieu du vallon, est cette épitaphe:

CI GIT
L. H. J. THOMAS, ex-vicomte de LA TOUR-DUPIN,
Ancien officier-général,
Décédé âgé de soixante-dix ans.

D'un sang cher aux Français rejeton glorieux
Aimable dans la paix, intrépide à la guerre,

Philosophe chrétien, héros religieux ;
Nous le chérîmes sur la terre,
Et nous l'invoquons dans les cieux.

DELILLE.

XV. Dans le vallon, à gauche, on remarque, à travers l'épais bosquet de peupliers, de saules pleureurs et de cyprès qui la couvre, une tombe, surmontée d'une figure dont les traits représentent la douleur. Ce monument, l'un des mieux exécutés, parmi ceux que l'on rencontre dans le Champ du Repos, renferme les cendres de *Françoise-Georgette* BUDEL, épouse de *M. Perdonnet*, agent de change, mort à l'âge de trente-trois ans. Son mari a fait graver, sur le marbre noir de la façade du tombeau, les vers suivans :

Ci repose un objet de douleur éternelle,
Qui, dans le terrestre séjour,
De toutes les vertus fut le parfait modèle ;
Mère tendre, épouse fidèle,
De qui put la connaître et l'exemple et l'amour ;
Qui, pratiquant le bien sans en chercher la gloire,
Jeune, vit de ses jours s'éteindre le flambeau.
Passant, qui que tu sois, respecte son tombeau ;
Donne une larme à sa mémoire.

XVI. A l'ombre d'un peuplier et d'un cyprès s'élève dans une modeste enceinte une tombe remarquable par son extrême simplicité ; c'est celle d'un poëte illustre, d'un philosophe éclairé, d'un bon citoyen. Un marbre noir est couvert de cette inscription :

CI GIT
Jean-François SAINT-LAMBERT, né en l'an 1716,
le 16 décembre,
De l'ancienne Académie Française,

François
LAMBERT
en 1716
16 Décembre
mort
9 février

Dubois D.t et S.p

Militaire distingué,
Poëte et peintre de la nature,
Grand et sublime comme elle,
Philosophe moraliste,
Il nous conduit au bonheur
Par la vertu:
Homme de bien sans vanité,
Comme sans envie,
Il aima, il fut aimé.
Le monde et ses amis le perdirent
Le 9 février 1803.
Celle qui fut cinquante ans son amie
A fait mettre cette pierre
Sur son tombeau.

Cette épitaphe est belle et sentimentale; mais nous nous étonnons que celui qui, pendant sa vie, a fait de si beaux vers, n'ait point trouvé, après sa mort, un ami qui se soit honoré de composer en vers l'épitaphe de cet excellent poëte.

XVII. Dans le vallon, à droite, en descendant, et presqu'à l'extrémité, on trouve une tombe couverte d'une grande pierre surmontée d'une urne, au bas de laquelle est sculpté un médaillon assez bien exécuté. Sur un marbre noir on lit cette épitaphe:

CI GIT LAURENCE.

Morte au printemps de l'âge,
Dans l'art de Terpsichore on aima ses succès.
O vous qui lui portiez vos vœux et votre hommage,
Donnez-lui maintenant des pleurs et des regrets.

XVIII. Derrière ce monument, et presque adossé

à la colline de l'est, est un tombeau en marbre blanc. Au-dessus on remarque une belle urne cannelée en marbre rouge antique. Sur la façade de l'est est gravée cette épitaphe :

Elizabeth de **LÉPINE**, née **LEBRETON**.
Décédée à Paris le 6 juin 1811,
Dans la cinquantième année de sa vie.

Repose en paix, mère chérie :
L'inexorable mort, qui termina ta vie,
De tes bienfaits a vu finir le cours ;
Mais, dans nos cœurs, ah ! tu vivras toujours.

Quand on connut son âme et si belle et si tendre,
On ne peut s'empêcher de répandre des pleurs.
Mortel, qui que tu sois, foulant ici sa cendre,
Révère son asile, il est cher aux bons cœurs.

Par une espèce de plagiat bien inconcevable, puisqu'il s'agit du respect dû aux morts, cette épitaphe, destinée à célébrer les vertus d'une bonne mère, a été transportée au cimetière du père La Chaise, où elle orne le tombeau d'une jeune fille de dix-sept ans ; deux mots changés ont suffi pour lui donner cette nouvelle destination. Un de nos amis nous a donné l'explication de ce plagiat : c'est qu'il existe, à la proximité du cimetière, des entrepôts où les bons bourgeois de Paris viennent choisir et leurs tombeaux et leurs épitaphes (*voyez ci-après* CIMETIÈRE DU PÈRE LA CHAISE, n°. III).

XIX. Sur la colline de l'ouest, au fond de la vallée, sur une tombe recouverte d'une large pierre, s'élève une colonne en pierre à quatre faces en forme d'obélisque, et surmontée d'une urne funéraire. On lit au bas de l'urne :

CÉCILE.

Sur la façade du midi :

ICI REPOSE,

Près de son époux, *Elizabeth-Cécile LAURENT*,
Epouse bien aimée
De C. L. M. LOMBARD RICHEBOURG,
Morte le 28 mai 1813, âgée de vingt-trois ans.

A peine depuis six semaines jouissait-elle
Du bonheur d'être mère,
Qu'enlevée pour jamais en ce monde,
Sa mort a plongé dans le deuil éternel
Son mari, son enfant, sa mère
Et toute sa famille.

Sur la façade de l'est :

Près d'ici repose aussi
Denis LAURENT,
Mort deux ans avant elle.

Toi qui viens les pleurer, en ce triste séjour,
Imite leurs vertus pour les revoir un jour.

Une mère inconsolable.

Sur la façade du nord :

Modèle de toutes les vertus,
Son âme sensible et pure
A laissé dans le cœur de ses amis
Un souvenir
Qui ne s'éteindra qu'avec la vie.

Sa mort, hélas! n'a rien d'étrange;
Elle a rejoint son âme à l'Eternel;
Il le fallait : c'était un ange;
Cécile appartenait au ciel.

Sur la façade de l'ouest :

A la plus douce,
La plus vertueuse et la plus aimée
De toutes les femmes,
Son inconsolable époux :

Pour un temps l'Eternel, ma douce et tendre amie,
A pu nous désunir ;
Mais la mort, à jamais, en terminant ma vie,
Saura nous réunir.

XX. Sur la colline, à gauche, en entrant, est un tombeau en forme de petit temple. Il est soutenu par deux colonnes fort élégantes, hautes de sept pieds, et l'on y monte par deux degrés. Le fond de ce petit temple est peint en bleu azur, parsemé d'étoiles, ainsi que le plafond. Dans l'intérieur sont deux plaques en marbre noir, et au milieu un Christ en bronze. Sur le frontispice du temple on lit cette inscription gravée en gros caractères :

HODIE MIHI, CRAS TIBI.

Sur l'une des plaques de l'intérieur :

Angélique-Sophie de *LAUVRIÈRE*,
Agée de quarante-huit ans,
Décédée le 26 avril 1811.

Sur l'autre :

Elle fut également
L'amie des pauvres
Et le soutien des malheureux.

XXI. Sur la colline de gauche, à côté du précédent, est un tombeau de forme antique, surmonté d'une urne

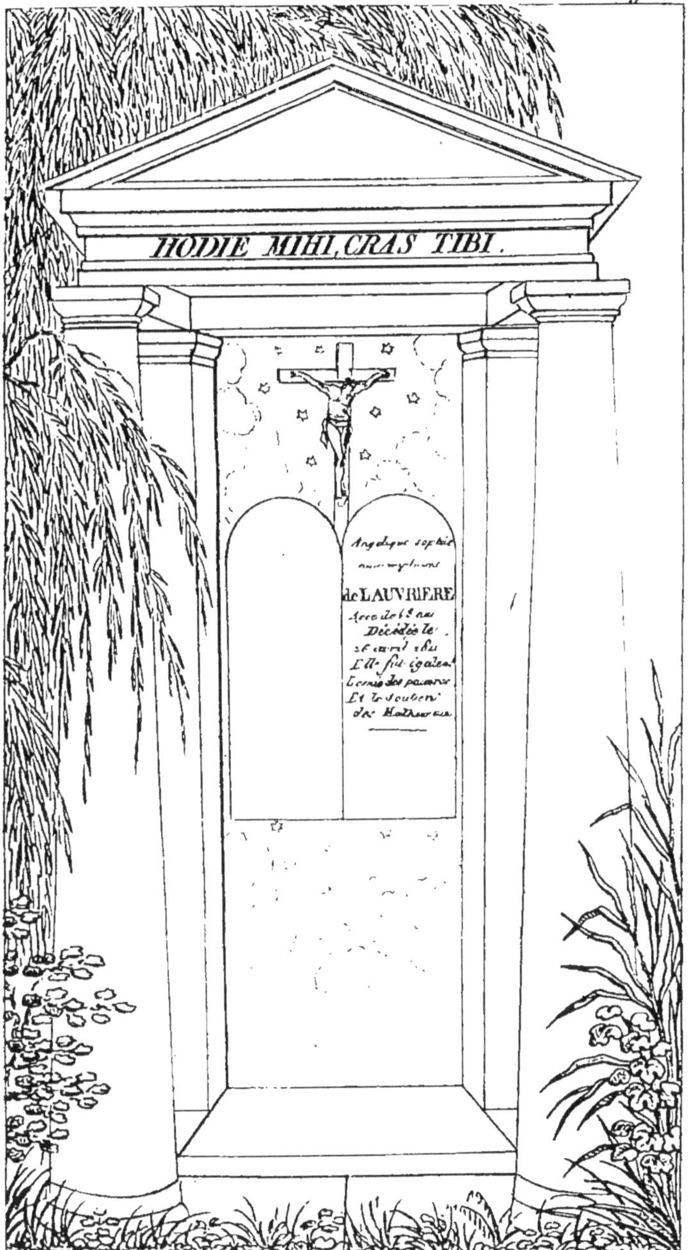
HODIE MIHI, CRAS TIBI.
de LAUVRIERE
Décédée le

Dubois. Dr et Sc.

Pag. 25.

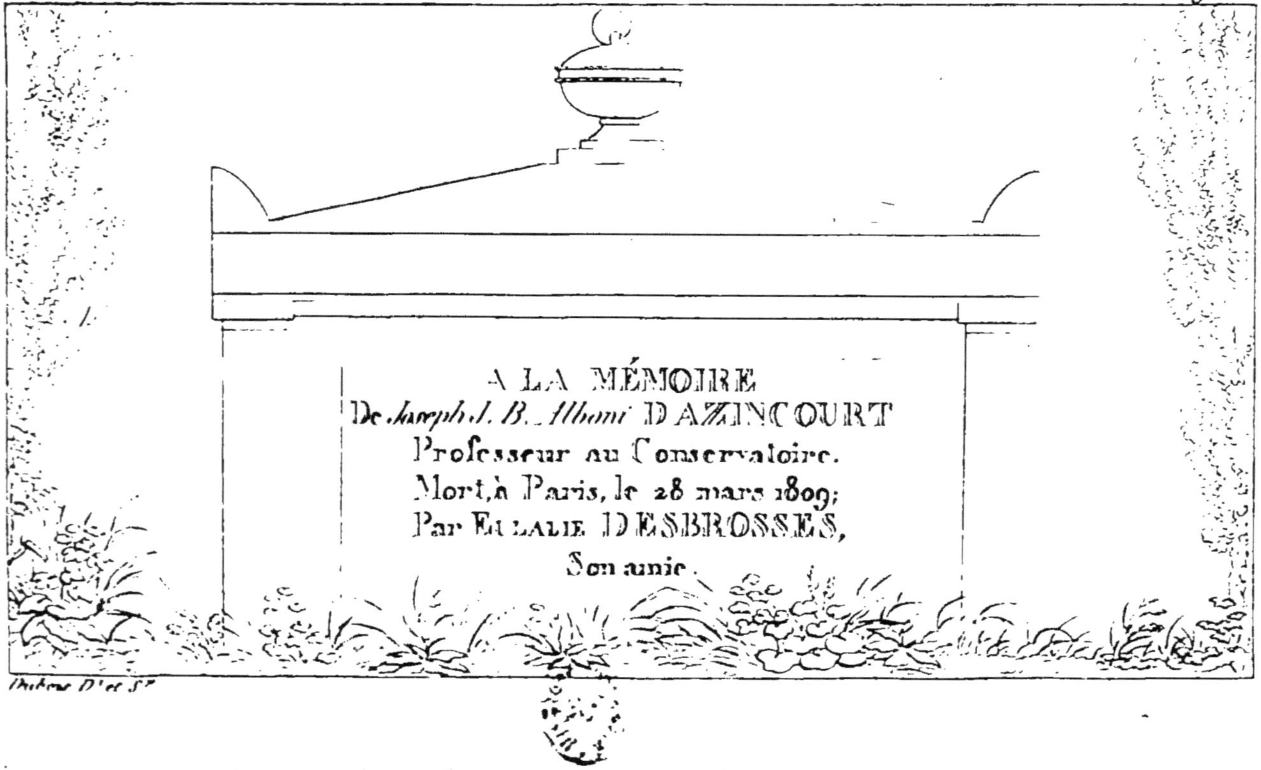

Dubois D. et S.

funèbre et d'une couronne de laurier; il est presque adossé au mur du sud, entouré d'une grille qui renferme un jardin planté de rosiers, de peupliers et d'arbres verts. La façade du nord est ornée de deux colonnes d'ordre de *Pœstum*, et sur un marbre noir est écrit en lettres d'or :

A LA MÉMOIRE
De *J. B. Albouis DAZINCOURT*,
Professeur au Conservatoire,
Mort à Paris le 28 mars 1809;
Par EULALIE DESBROSSES,
Son amie.

Du Théâtre français l'honneur et le soutien,
Digne successeur de Préville,
Homme de goût, homme de bien,
Aimable à la cour, à la ville,
Ami vrai, délicat, sensible, généreux,
Il réunit sur sa cendre chérie
Et les regrets des enfans de Thalie,
Et les larmes des malheureux.

XXII. A côté du tombeau de Dazincourt, toujours près du mur du sud, est une autre tombe de grande dimension, haute de six pieds environ, surmontée d'une colonne; une urne funéraire s'élève au-dessus. Ce tombeau est entouré de peupliers, de thuyas, de cyprès, et fermé par une grille de fer. Sur la colonne on lit :

Que tes cendres reposent en paix!
Tu règnes dans nos cœurs.
Ce monument a été érigé par
J. C. } VÉRY,
J. L. }
Ses frères.

Au bas de la colonne, en tête du tombeau, est sculptée une couronne au bas de laquelle est écrit :

J. B. VÉRY,

Décédé à Paris le 21 janvier 1809.

Bon frère, ami sincère,
Toute sa vie fut consacrée
Aux *arts utiles*.

Si l'on se rappelle que MM. Véry sont les plus fameux *restaurateurs* de la capitale, et que leur frère exerçait le même état, on restera persuadé que jamais homme ne mérita mieux son épitaphe que M. J. B. VÉRY.

XXIII. Près de ce dernier et sur la même ligne, en venant un peu à l'est, on trouve un autre grand tombeau en pierre élevé de douze à treize pieds. Sur le frontispice est sculptée une couronne qui renferme les deux lettres initiales :

R. D.

Sur la façade du nord est un bas-relief parfaitement exécuté; il représente deux femmes éplorées regardant tristement, l'une à droite, l'autre à gauche, et se tenant mutuellement un bras sur l'épaule. Au bas de ce bas-relief est ensuite écrit :

APRILIS 1808.
Uxorem, matrem amatam
Sicut amantem,
Conjugi, liberis
Morientibus
Mors abstulit,
Separantibus
Restituit.

Ce Monument
a été érigé par.
J.C.
J.L.
VÉRY.
Ses frères
V
J. B. VÉRY.
Décédé à Paris le 21 Janvier 1809.
Bon Frere ami sincere
Toute sa vie fut consacrée
Aux Arts utiles

Dubois D.t et S.p

Le concierge du cimetière nous a appris que ce tombeau et cette épitaphe étaient ceux d'une dame *Durand*.

XXIV. Au pied de la colline, à gauche, en descendant, on voit une tombe très-modeste, sur laquelle est gravée une croix; au-dessus est écrit :

Paix et vertu.

Au bas de la croix on lit cette épitaphe, dont la fin a quelque chose d'épigrammatique.

ICI REPOSE
Demoiselle *Anne-Geneviève DESCHAUMES*,
Agée de cinquante-cinq ans,
Morte le 13 août 1809.

Pleine d'ardeur, d'âme et de sentiment
Pour ses amis, le malheur, l'indigent;
Bonne, sensible, active, douce, austère :
Ainsi vécut celle à qui Dieu forma
Un cœur brûlant, et qui jamais n'aima
Que la vertu, la sagesse et *son frère*.

XXV. Non loin de cette tombe on en découvre une encore récente. Un chapeau de fleurs d'orange nous apprend qu'elle couvre une jeune vierge. Quelques fleurs environnent une simple pierre qui porte cette inscription touchante :

Silence !
Ici dort à jamais
Une douce vierge;
Son âme, pure comme un lis,
A pris son essor
Vers la céleste patrie
Le 21 décembre 1823;
Gabrielle-Ernestine MAHÉ,
Agée de vingt-trois ans.

XXVI. En remontant vers la colline occidentale, on rencontre une petite cabane de bois; la façade est soutenue par deux pilastres; un belvéder en forme de clocher surmonte l'édifice, et quatre vases de fleurs ornent les angles formés par le toit. Sur le devant est une porte dont la partie supérieure est vitrée, et laisse voir l'intérieur. Cet intérieur représente une chapelle tendue de noir; au fond s'élève un autel orné de fleurs et de draperies : trois lampes, sans cesse allumées, éclairent la chapelle. On lit sur le fronton extérieur cette épitaphe :

Ici repose Louise SAVIGNY-SCOLASTIQUE, décédée le 22 juillet 1823, âgée de trente-neuf ans, mère de neuf enfans, dont huit réclament tous les jours sa tendresse. Elle a, pendant vingt ans, embelli les jours de son époux, qui cherche en vain aujourd'hui le bonheur et la tranquillité que la mort lui a enlevés. Il ne les retrouvera qu'après avoir vu ses enfans heureux, et lorsque Dieu lui fera la grâce de le réunir à elle pour l'éternité.

XXVII. Un jour que nous visitions le Champ du Repos avec un de nos amis, fatigués des réflexions nombreuses que cette funèbre solitude suggérait à notre âme attendrie, nous nous étions assis dans la vallée non loin du tombeau de M. de Latour-Dupin. Plongés tous deux dans une profonde rêverie, nos bouches étaient restées muettes, et notre existence était tout en méditation. C'était l'hiver : la neige qui couvrait le Champ du Repos doublait encore la mélancolie naturelle à ce lieu. Les cyprès, les thuyas ou les ifs montraient seuls leur sombre verdure; il nous semblait ne plus être au monde, et appartenir désormais à un autre univers. Tout à coup des soupirs et des sanglots viennent troubler le silence solennel du cimetière, et ramener dans nos âmes le sentiment de l'existence et de la sensibilité. Spontanément nous tressaillîmes, et nous tournâmes la tête du côté d'où paraissaient venir et les soupirs et les sanglots qui avaient frappé notre oreille. A travers les tombes éparses et les arbres funèbres qui les accompagnent, nous aperçûmes une femme, vêtue de longs habits de deuil, à genoux sur la neige, devant un tombeau de modeste apparence; elle paraissait accablée de la plus profonde tristesse, et des larmes sillonnaient ses joues. Vivement émus de ce spectacle, nous respectâmes sa douleur, et nous nous éloignâmes de cette femme infortunée pour ne point troubler sa mélancolie...... Mais quand elle se fut retirée, notre premier mouvement fut de nous rapprocher de cette tombe que venaient d'arroser les larmes du désespoir. Hélas! c'était une mère qui venait de pleurer sa fille, sa fille âgée de seize ans! Une tombe carrée, en forme de coffre convexe, recouvrait les restes de la jeune vierge enlevée trop tôt à l'amour de sa mère. Sur la face principale on lit cette épitaphe pleine de sentiment :

ELIZA VAROQUIER.

Tu dors en paix, ma fille,
Et ta mère a perdu le repos.

Sur le côté de l'ouest sont gravés, après trois lignes de points, ces vers :

Il. . . . .
. . . .
. . . .
Hélas! les chagrins, les alarmes,

Près d'elle fuyaient sans retour,
Et ce n'est qu'en perdant le jour
Qu'elle a fait répandre des larmes.

Née le 22 mars 1795,
Morte le 23 avril 1811.

Cette inscription et ces vers répondaient bien à la douleur touchante dont nous venions d'être témoins. Aucun tombeau n'avait porté dans notre âme un attendrissement aussi vif. Nous étions émus jusqu'au fond du cœur. A ce moment, des fossoyeurs travaillaient à peu de distance, et creusaient la tombe d'une nouvelle victime de la mort. Curieux de savoir si la femme que nous avions vue pleurer était réellement la mère d'Eliza, nous allâmes à eux pour les interroger ; c'était bien elle. Tous les deux jours, cette mère infortunée venait pleurer auprès de sa fille, et chaque fois elle apportait des fleurs nouvelles dont elle jonchait la tombe qui renfermait son trésor. Ainsi, sans doute, aux jours de la santé de sa fille, cette mère tendre venait orner de fleurs sa chambre virginale. Sur cette tombe on voyait éparses les immortelles, les roses du Bengale, les violettes printanières, la pensée, symbole de la constance, et le myrte, arbre cher aux amours.

Avant de quitter ce modeste monument de l'amour maternel, nous avons voulu donner à cette mère infortunée l'espèce de consolation qui plaît le mieux aux malheureux, celle de voir partager leur douleur. Nous avons gravé au crayon ces vers improvisés sur la façade où se lit la première inscription :

Seize printemps à peine embellissaient ta vie ;
Déjà mille vertus en partageaient le cours :
Ah ! faut-il, Eliza, que la mort t'ait ravie

Quand pour toi commençait la saison des amours?
Eliza !.... Mais pourquoi, par une plainte amère,
Sans cesse accuser le destin?
Tout passe et meurt ; pareille à la fleur printanière,
Elle n'a brillé qu'un matin.

Eliza! cher objet de regrets et d'alarmes,
Repose, dors en paix : ta mère, chaque jour,
Viendra, du tribut de ses larmes,
Arroser cette tombe où dort tout son amour.

Et sur le côté occidental où sont gravés les vers touchans que nous avons cités, nous avons ajouté ceux-ci :

C'est ici qu'Eliza repose :
Hélas! le souffle de la mort
A trop tôt fané cette rose;
Pleurez, pleurez son triste sort,

« Hélas! les chagrins, les alarmes,
« Près d'elle fuyaient sans retour;
« Et ce n'est qu'en perdant le jour
« Qu'elle a fait répandre des larmes. »

Eliza! tendre fleur qu'un matin vit éclore,
Et qu'un soir a vu se flétrir,
Vierge simple et modeste, ah Dieu! si jeune encore,
Est-il possible de mourir?

« Hélas! les chagrins, les alarmes,
« Près d'elle fuyaient sans retour;
« Et ce n'est qu'en perdant le jour
« Qu'elle a fait répandre des larmes. »

Souvent depuis nous sommes venus revoir le tombeau d'Eliza. Ces vers qu'une émotion vive nous avait dictés s'y lisent toujours. Nous l'avons su, sa mère les a lus; et, pour la première fois depuis la mort d'Eliza, elle a répandu des larmes de plaisir en voyant qu'une main étrangère avait aussi célébré les vertus de la fille adorée qu'elle regrette.

XXVIII. Près de cette jeune fille si cruellement moissonnée dans sa fleur, en redescendant vers le vallon, presqu'à mi-côte, on découvre le tombeau d'un enfant. Celui-là du moins n'a pas eu le temps de souffrir : « La mort ne fut pour lui qu'un sommeil. Il jeta un regard sur le monde, et fit soudain ses adieux au temps et aux choses terrestres. On lui présenta la coupe, et il refusa d'y porter ses lèvres. Fortuné voyageur, à peine sorti du port, son vaisseau fut ramené au rivage ; à peine jeté sur la terre, il fut reconduit en triomphe au ciel, et obtint l'éternelle félicité sans avoir connu les orages de la vie [1]. »

Aucun monument ne couvre encore cette jeune victime ; mais ses parens désolés n'ont pas voulu cependant que l'on passât près de sa fosse sans lui donner une larme. Le simple berceau d'osier, meuble unique de son enfance, seul témoignage de son rapide passage, est placé sur sa tombe. Nulle inscription ne nous informe de son nom ; seulement dans ce berceau, au lieu même où il acheva de vivre, on a déposé quelques fleurs d'un jour déjà fanées, et qui, frêles comme lui, ne lui survivront pas long-temps.

Cet enfant inconnu ne se trouve pas solitaire dans son dernier asile. Nous avons remarqué non loin de lui plus d'un tombeau consacré à l'enfance. En général les inscriptions de ces monumens sont simples et touchantes. L'une se borne à cette phrase attendrissante de l'évangile : *Sinite parvulos venire ad me*, laissez venir à moi les petits enfans. Une autre nous instruit des dernières paroles de

1 *Méditations d'Hervey*.

la tendre victime : elle appelait sa mère, et ses derniers accens étaient pour elle. Celle-ci a voulu que la pierre transmît à la mémoire ce sentiment naturel et simple qui attache le fils à sa mère. Dans les cœurs bien faits, l'amour filial, touchant instinct de l'enfance, est la passion de la jeunesse, la dette de l'âge mûr, et le souvenir le plus doux de la vieillesse.

4

CIMETIÈRE DU PÈRE LA CHAISE,

OU

DU MONT-LOUIS.

Le cimetière du père La Chaise, situé à l'est de Paris, occupe un vaste coteau, à quelque distance de la barrière des Amandiers, et dans la commune de Charonne. On y arrive par la rue de la Roquette, et par une barrière nouvellement élevée, près de l'ancienne barrière d'Aulnay.

Long-temps ce cimetière n'eut qu'une entrée incommode, par une rue étroite et d'un accès difficile. Aujourd'hui on a construit vis-à-vis de la barrière une porte dont les proportions sont plus dignes de la majesté de cet asile immense des morts célèbres. Des sculptures de bon goût, et d'un caractère sérieux, décorent les deux pilastres, dont la forme est celle de deux bornes antiques. On lit sur la porte cette inscription tirée des Écritures :

Scio quod redemptor meus vivit, et in novissimo die de terrâ surrecturus sum.

« Je sais que mon rédempteur est vivant, et qu'au der-
« nier jour je ressusciterai de la terre. »

Sur le premier pilastre on lit cette autre inscription :

Spes illorum
Immortalitate
Plena sunt.
Sapient. II. V. IV.

« Leurs espérances sont pleines d'immortalité. »

Le second porte l'inscription suivante :

Qui credit
In me, etiamsi
Mortuus fuerit, vivit.
Joan. XI.

« Celui qui croit en moi, lors même qu'il serait mort,
« est vivant. »

Mais cette entrée nouvelle, jusqu'ici destinée seulement aux grandes cérémonies, n'est point encore mise à la disposition du public. Il paraît que des difficultés élevées par des personnes auxquelles les terrains environnans ont été concédés à perpétuité, retardent l'époque de son ouverture. L'ancienne entrée, en attendant, demeure provisoirement consacrée au service ordinaire du cimetière.

En entrant par la porte provisoire, on traverse d'abord une grande cour, où se trouvent, à gauche, les logemens du concierge et du portier. De là on arrive dans le cimetière, dont la vue étonne et frappe les regards. On voit alors, encore sur la gauche, un long bâtiment qui servait autrefois de serres chaudes, et qui, maintenant, quoique tombant en ruines, renferme les ateliers d'un marbrier qui s'occupe à faire d'avance des tombes, destinées à prendre place dans le cimetière.

Une partie de l'enclos qui forme le cimetière du père La Chaise porta d'abord le nom de *Champ l'Évêque*. On raconte qu'au quatorzième siècle un riche épicier, séduit par l'extrême beauté du site, en fit l'acquisition, y bâtit une maison magnifique pour le temps, et s'y livra à des dépenses tellement disproportionnées avec sa fortune, que le peuple, bon juge de ce genre de ridicules, surnomma ce lieu *la Folie Regnaud*, du nom de l'ambitieux épicier. Ce champ ne formait cependant alors que six arpens. En 1626, les Jésuites de la maison professe achetèrent ce terrain, qu'ils destinèrent à leur servir de récréation. Ce fut, dit-on, de cet endroit que Louis XIV, encore enfant, vit le combat livré, le 2 juillet 1652, dans le faubourg Saint-Antoine, par Turenne, commandant de l'armée royale, contre le prince de Condé, alors chef des Frondeurs. Cette circonstance importante lui fit donner le nom de *Mont-Louis*.

Lorsqu'en 1676, le célèbre père La Chaise devint confesseur du roi, Louis XIV qui aimait extrêmement ce jésuite, et lui confiait souvent les destinées de l'état, voulut que, pour se délasser de ses travaux, le père La Chaise jouît d'une maison de campagne digne du prince et de lui. Par les ordres du roi, l'enclos du Mont-Louis fut agrandi, une maison de deux étages fut construite; les jardins furent ornés avec une magnificence extraordinaire. On profita des accidens qu'offrait le terrain, et le jardin du père La Chaise devint un des plus ravissans de la capitale. Ce fut là que, dominant Paris et tous ses environs, ce jésuite put déposer quelquefois le fardeau des affaires. Il y recevait les personnages les plus distingués de la cour, les plus illustres étrangers, attirés à la fois par le besoin de rendre leurs hommages au favori du grand roi, de pénétrer les mystères de ses intrigues, et de visiter ses magnifiques jardins.

Après la mort du confesseur du roi, les jésuites conservèrent la brillante maison de plaisance de leur protecteur et de leur chef. Elle fit partie des vastes domaines de cette compagnie, instituée au nom du législateur des chrétiens, qui, pauvre lui-même, avait voulu être le dieu des pauvres. Mais, en 1763, lorsqu'un décret ordonna la vente des propriétés de la société, pour le paiement de ses nombreux créanciers, le *Mont-Louis* passa en d'autres mains. Plusieurs propriétaires se ruinèrent successivement dans cette magnifique habitation; enfin, en 1804, le préfet du département de la Seine l'acquit au nom de la ville de Paris; et, par un contraste singulier, le lieu de délices devint l'asile de la mort.

La disposition de ce nouveau cimetière fut confiée au célèbre architecte Bronguiart, qui repose aujourd'hui dans ce jardin, soumis à ses habiles crayons. Il s'attacha à conserver le plus qu'il put tout ce qui pouvait contribuer à la magnificence du lieu sans contraster avec sa nouvelle destination. Il conserva tous les massifs qui varient agréablement le terrain, et prolongent encore son étendue, en dissimulant ses limites. Diverses routes furent tracées, et rendirent tous les points également accessibles. D'après les plans de Bronguiart, on devait substituer à la maison du père La Chaise une pyramide colossale, destinée à servir, dans les distributions de son énorme base, aux dernières cérémonies de tous les cultes chrétiens. Ce monument, qui paraissait un hommage à la liberté des cultes, n'a point été exécuté. La maison du père La Chaise, abattue en 1820, a été remplacée par une chapelle funéraire, élevée d'après les dessins de M. Godde, et qui présente à l'œil un aspect assez imposant. La caisse municipale a fait une partie des frais de ce monument. L'autre partie est due à un legs considérable de la veuve du docteur Bosquillon.

Près de la chapelle qui remplace la maison du père La Chaise, on voit encore les traces des fossés et des bassins qui l'entouraient et fournissaient l'eau nécessaire au service de l'intérieur et à l'arrosement des jardins. Cette eau était amenée par un petit canal souterrain, qui paraît venir des hauteurs voisines, et qui existe encore en partie. Il est situé à droite de la maison, au-dessus d'un enfoncement de terre que l'on reconnaît facilement pour un ancien bassin, et dans lequel on remarque des saules assez élevés. On descend dans le canal par quelques marches en partie ruinées. L'eau n'y coule plus. Celle qu'on y trouve ne paraît venir que des terres supérieures. Elle sert aux jardiniers du cimetière pour arroser les jardins qui entourent les tombeaux. Cette eau, assez limpide, est bonne à boire.

Le cimetière du père La Chaise, le plus vaste des cimetières de Paris, s'est composé, jusqu'en 1822, de cinquante-un arpens quarante-cinq perches. Depuis cette époque il forme soixante-cinq arpens, au moyen d'un agrandissement de quatorze arpens, acquis par la ville de Paris, du côté de l'ouest, et jusqu'ici destinés aux concessions temporaires et aux fosses communes. On annonce de nouveaux agrandissemens, à mesure que la nécessité en sera reconnue.

Le cimetière se compose principalement d'une colline. A l'entrée seulement le terrain offre quelque apparence de plaine, et à droite, du côté de Charonne et de Vincennes, est une espèce de vallée qui, dans le temps où ce lieu était une maison de plaisance, devait être charmante. A gauche et derrière les bâtimens de la cour est une autre plaine, qui a servi longtemps aux fosses communes. La colline et la vallée de droite sont destinées à recevoir les tombes monumentales.

Dans le temps que ce cimetière était un lieu de plaisir, sa position devait faire le charme principal de cette habitation. Il est peu d'endroits, dans les environs de Paris, dont la perspective soit aussi étendue et aussi variée. Des appartemens de sa maison, le père La Chaise dominait la capitale à l'ouest, apercevait Belleville, Montmartre et Menilmontant; au midi sa vue embrassait tout l'horizon de Bicêtre et de Meudon; à l'est elle planait délicieusement sur la belle plaine de Saint-Mandé, Montreuil, Vincennes, et sur les rives fertiles et riantes de la Marne. Maintenant déserte, cette colline, qui est presqu'au niveau du dôme du Panthéon, présente de loin sa solitude et ses tombeaux aux voyageurs qui arrivent à Paris par les routes du levant, du midi et du couchant; et celui qui la visite voit, d'un même coup d'œil, le séjour des vivans et celui des morts.

Nous l'avouerons, cette magnifique position du cimetière du père La Chaise nous paraît s'opposer à ce que l'âme s'y trouve aussi vivement affectée qu'au Champ du Repos. Celui-ci, situé dans le fond d'une ancienne carrière, entouré de murs qui lui dérobent la vue de tout objet environnant, invite avec bien plus d'énergie au recueillement. N'ayant autour de soi que des tombeaux, on se croit véritablement dans le séjour de la mort; on n'est occupé que d'une seule idée, celle du trépas : au lieu qu'au cimetière du père La Chaise, l'œil qui s'égare indistinctement, et sur la capitale, et sur les riantes campagnes qui l'entourent, en reçoit trop de distraction. Autour de l'homme errant dans ce funèbre séjour tout respire la vie; la nature se présente dans tout son luxe; pour penser à la mort, il lui faut baisser la vue à ses pieds, et détourner ses regards du tableau magique qui se déroule devant lui. Aussi nous avons souvent remarqué cette différence dans les promenades solitaires que nous avons faites à ces deux grands dépôts de la mort. La tristesse et la mélancolie se lisent sur le visage de ceux qui visitent la sombre et mystérieuse vallée du Champ du Repos, tandis qu'au cimetière du père La Chaise on observe trop souvent de la distraction et de l'indifférence.

Les tombeaux que l'on rencontre dans le cimetière du père La Chaise sont généralement construits avec plus de luxe et de magnificence qu'au Champ du Repos. On voit que ce sont, pour la plupart, des tombeaux d'apparat, élevés par la vanité bien plus que par la douleur; le cimetière du père La Chaise est devenu le cimetière à la mode, dans ce pays où tout est soumis aux lois de cette frivole déesse. C'est là que les riches et les grands de la capitale choisissent presque tous leurs sépultures. La plupart des tombeaux occupent des terrains concédés à perpétuité aux familles des défunts. Ces concessions ne s'accordent qu'à prix d'argent, et c'est précisément la raison qui les fait rechercher. La manie de se distinguer est tellement dans la nature de l'homme, qu'il s'efforce de la satisfaire, même après sa mort. Dans la revue que nous allons faire des tombeaux les plus remarquables du cimetière du père La Chaise, nous aurons occasion de citer plusieurs de ces tombes, construites pour servir de sépulture aux générations de toute une famille.

Les concessions de terrain sont faites, soit temporairement, soit à perpétuité. Les concessions temporaires ne durent que cinq années. Mais les concessionnaires peuvent les renouveler à leur expiration. Le prix en est fixé par un arrêté de M. le préfet de la Seine, à 50 francs une fois payés. Les concessions à perpétuité coûtent 125 francs le mètre carré de terrain. Les familles ont la faculté de fonder et d'entretenir toute espèce de monumens funéraires tant dessus que dessous. Après les cinq années de jouissance, les acquéreurs temporaires sont dépouillés de leur terrain ; les monumens qui s'y trouvent doivent être enlevés, et la ville de Paris peut disposer de l'espace, comme s'il n'avait jamais été vendu.

Le cimetière du père La Chaise offre une singularité que n'ont point les autres cimetières de Paris. Destiné autrefois à faire les délices d'un homme puissant, il conserve encore aujourd'hui des objets qui rappellent cette destination. Ainsi, les allées d'arbres que l'on y voit indiquent les lieux d'agrément de cette propriété, tandis que les abricotiers, pruniers, poiriers et pommiers, qui aujourd'hui encore fleurissent et rapportent des fruits dans ce séjour de mort, annoncent l'endroit où était le verger du révérend père. Ce bizarre mélange de tombeaux, avec des productions qui soutiennent la vie de l'homme, de cyprès, de peupliers et de saules pleureurs, avec des arbres à la culture desquels la main de l'homme est nécessaire, est encore une des causes qui rendent la vue de ce cimetière moins attristante que celle du Champ du Repos.

Lorsque l'on commença de soumettre le jardin du père La Chaise à sa nouvelle destination, le terrain le plus bas dans la partie occidentale fut d'abord couvert de tombes. De longues tranchées furent creusées, et servirent à la sépulture commune des pauvres. Des fosses particulières, ouvertes le long du mur occidental, reçurent les premiers monumens, et des mains pieuses les environnèrent de sapins. Cette portion du cimetière, aujourd'hui presque abandonnée, offre un aspect triste et sauvage. Vingt ans ont suffi pour noircir les tombes, effacer les inscriptions, briser les pierres sépulcrales, faire enfin succéder le chaos à l'ordre primitif. Malgré les efforts des hommes, la mort reprend insensiblement son empire. On avait cherché à déguiser son horreur sous un ordre extérieur, sous une apparente régularité, mais la main de la destruction est plus forte, et ses progrès sont devenus sensibles. Des ronces, des herbes parasites ont remplacé ces jardins soigneusement cultivés; les barrières ont disparu; et, dans quelques années, l'œil n'y découvrira plus que des ruines.

A l'époque où la plaine occidentale fut remplie, les sombres allées de tilleuls qui du pied du coteau se prolongent dans la direction de la chapelle, furent garnies de deux rangs de tombes. Mais on n'avait point encore imaginé ces monumens dispendieux et magnifiques, qui abondent sur la croupe orientale du coteau, et particulièrement sur le plateau situé à l'est de la chapelle. Le luxe des tombes a suivi une marche progressive. Les plus brillantes à l'origine ne sont plus remarquées aujourd'hui. Elles disparaissent devant ces masses immenses de pierre ou de marbre, ces hautes pyramides, ces temples élégans, par lesquels on a cru prouver sa piété, et qui ne sont trop souvent que des témoignages d'ostentation. On assure que le premier monument en marbre fut celui de M. Lenoir-Dufresne, situé à gauche au pied de la terrasse de la chapelle. Le plus ancien tombeau de pierre fut, dit-on, consacré à madame Frémont. Ce monument forme une pyramide de douze pieds d'élévation, supportée par des pieds de griffon. Il est placé à la droite de la même allée, près de l'atelier de marbrerie.

Les deux côtés de l'allée de tilleuls furent rapidement garnis; alors on monta vers le coteau oriental, et la première partie de ce coteau ayant reçu les restes de plusieurs hommes célèbres par leurs écrits, un sentiment de convenance, et le choix des familles, destinèrent ce lieu, le plus pittoresque peut-être du cimetière, à la sépulture des poëtes, des littérateurs et des savans illustres. Le monument plus massif qu'élégant consacré à Delille fut le centre autour duquel vinrent successivement se grouper les tombeaux des hommes dont le nom honore notre époque. Ce nouvel Elysée, peuplé de souvenirs et consacré par la gloire, est naturellement l'objet de la prédilection des visiteurs. Les poëtes viennent y chercher des inspirations, les philosophes des conseils, les moralistes des leçons. Les âmes sensibles y trouvent une source de rêveries délicieuses et touchantes. Ces bosquets funèbres leur révèlent à la fois nos pertes et notre gloire; elles aiment à voir réunis dans une égalité fraternelle tant d'hommes qui, suivant des routes diverses, ont contribué à l'illustration de leur pays, dont quelques-uns, payant tribut à la faiblesse humaine, furent divisés pendant leur vie, dont plusieurs autres, liés jadis par une amitié durable, n'ont point été séparés par la mort.

Près de l'Élysée des littérateurs et des savans, à droite, se trouve une plate-forme circulaire garnie de peupliers, et que l'on appelle le *Rendez-vous des Chars*. Un chemin vaste et sinueux conduit ensuite dans une vallée, et remonte lentement vers le point le plus élevé du cimetière. C'est là que d'un côté se trouve, dans la direction de Vincennes, la *Charmette des Protestans*, et le *Bosquet du Dragon*, tandis que de l'autre on distingue, dans le *Champ des Braves*, les plus magnifiques monumens du cimetière.

L'enclos funèbre du père La Chaise, dans sa vaste étendue, admet les citoyens de tous les cultes et de toutes les croyances; mais, par un usage qu'il ne faut attribuer, ni à l'intolérance, ni à de flétrissantes distinctions, plusieurs cultes ont choisi un lieu distinct et particulier. Nous avons parlé de la *Charmette des Protestans*. A droite de l'entrée provisoire, vers la partie la plus basse du cimetière, on découvre le *Cimetière des Juifs*. Ce n'est point un calcul, c'est un sentiment naturel et touchant qui a établi ces distinctions; il est si doux de s'endormir à côté de ses frères! il est si doux de se rapprocher, dans la tombe, de ceux dont on partagea la croyance, les habitudes et les espérances!

Cette séparation, qu'il serait difficile de blâmer, ne porte d'ailleurs aucune atteinte au principe nécessaire de la liberté des cultes. Les morts de chaque religion, pour occuper une place distincte, n'en sont pas moins réunis ensemble dans le même enclos. Le préjugé qui refusait jadis un tombeau aux hommes d'une religion différente, est aujourd'hui sans force. Tous les cultes, toutes les nations reçoivent dans nos cimetières une tolérante hospitalité. On distingue, au cimetière du père La Chaise, une foule de tombes élevées à des Anglais, et souvent les inscriptions qui les couvrent sont plus simples et plus touchantes que les inscriptions françaises. Une de ces tombes offre une grande leçon. Nous avons lu, dans le bosquet des protestans, ces paroles remarquables : « Ici reposent, sous la *sauvegarde du droit des gens*, les restes de M. Davis, de Londres. » Si le poëte Young eût vécu dans ce siècle tant calomnié, une intolérance cruelle n'eût pas forcé ce père malheureux à dérober un tombeau pour sa fille. Accueillie par une piété hospitalière et éclairée, Narcisse eût obtenu, sous un ciel étranger, les honneurs que lui devait sa patrie. Comme celles de M. Davis, ses dépouilles eussent été placées sous la sauvegarde du droit des gens, et la juste indignation du poëte n'eût point consacré dans une immortelle élégie, avec le souvenir de l'insulte, celui de son courage paternel.

La liberté des cultes est l'âme de la religion des tombeaux. Quand nous ne voyons dans un cimetière que les attributs de la morale universelle et de la piété générale, notre pensée s'élève et s'agrandit; mais si l'intolérance vient s'asseoir sur des tombes, y dicter des lois, ordonner des exclusions, exercer un despotisme fanatique, alors on ne voit plus que la main des hommes, que leurs erreurs, leur ambition, leurs préjugés; le champ de l'imagination se rétrécit; les larmes de la piété se tarissent, les cœurs se ferment, et ce spectacle de la destruction n'a plus ni leçons ni pouvoir.

Nous allons parcourir le cimetière du père La Chaise, et offrir une description abrégée des tombes les plus remarquables qui peuplent ce lugubre jardin de la mort.

I. En entrant dans le cimetière, et en portant les regards à droite, près du quartier des Israélites, l'œil découvre un monument gothique, dont le style et l'antiquité contrastent singulièrement avec ceux qui l'entourent. Ce monument représente une chapelle sépulcrale, modèle de l'architecture arabe, en usage au douzième siècle. Sa forme est un carré long de quatorze pieds sur onze; sa hauteur est de vingt-quatre pieds. Un clocher de douze pieds, percé à jour, s'élève au-dessus de la toiture; quatre clochers plus petits, d'un travail précieux, et quatre têtes chimériques terminent ses angles. Dix arcades en ogive, percées à jour et en trèfles, sont supportées par quatorze colonnes de six pieds, ornées de chapiteaux variés; des fleurs des champs décorent les corniches. Aux quatre frontons on voit des bas-reliefs, des rosaces et des médaillons. Sur le principal médaillon s'offrent deux bustes, et un bas-relief divisé en trois parties. Le tableau du milieu représente un calvaire; celui de gauche montre un religieux debout, et celui de droite représente un ange gardien. Le fronton opposé, orné de deux rosaces et d'un bas-relief, offre l'image d'une cérémonie funèbre, et les deux frontons latéraux sont seulement ornées de rosaces.

Dans l'intérieur de la chapelle, deux tombeaux s'élèvent, surmontés de deux statues couchées suivant l'usage antique; des reliefs représentant les pères de l'église entourent le sarcophage. On lit au-dessous cette inscription :

Hic
Sub eodem marmore jacent
Hujus monasterii

Dessiné et Gravé par Ambroise Tardieu

HÉLOISE ET ABAILARD.

Conditor Petrus ABÆLARDUS
Et abbatissa HELOISSA
Olim studiis, ingenio, amore, infaustis nuptiis
Et pænitentiâ,
Nunc æternâ, quod speramus, felicitate
Conjuncti.
Petrus Abælardus obiit XX *primâ aprilis* M. C. XLI,
Heloissa XVII *maii* M. C. LXIII.
Curis Carolæ de Roucy, paracleti abbatissæ.
M. DCC. LXXIX.

« Ici, sous le même marbre, reposent Pierre Abélard, fondateur de ce monastère, et l'abbesse Héloïse, unis jadis par l'étude, le génie, l'amour, par un mariage infortuné, et par la pénitence; unis maintenant, c'est notre espoir, par l'éternelle félicité. Pierre Abélard est mort le 21 avril 1142; Héloïse, le 17 mai 1163. Charlotte de Roucy, abbesse du Paraclet, en 1779, leur éleva ce monument. »

Sur la face latérale du tombeau on lit cette autre inscription française:

« Pierre Abélard, fondateur de cette abbaye, vivait dans le douzième siècle; il se distingua par son savoir et la rareté de son mérite. Cependant il publia un Traité de la Trinité, qui fut condamné par un concile tenu à Soissons en 1120. Il se rétracta aussitôt avec une soumission parfaite; et, pour témoigner qu'il n'avait eu que des sentimens orthodoxes, il fit faire de cette pierre ces trois figures qui représentent les trois personnes divines dans une nature, après avoir consacré cette église au Saint-Esprit, qu'il nomma Paraclet, par rapport aux consolations qu'il avait goûtées pendant la retraite qu'il fit en ce lieu. Il avait épousé Héloïse, qui en fut la première abbesse. L'amour qui avait uni leur esprit pendant leur vie, et qui se conserva pendant leur absence par les lettres les plus tendres et les plus spirituelles, a réuni leurs corps dans ce tombeau. Ils moururent, l'un le 21 avril 1143, âgé de soixante-trois ans, et l'autre le 17 mai 1163, après avoir donné des marques d'une vie chrétienne et spirituelle.

« Par très-haute et très-puissante dame Catherine de La Rochefoucault, abbesse, le 3 juin 1701. »

Quatre inscriptions plus courtes se lisent aux angles du monument ; elles sont relatives à la translation des restes d'Héloïse et d'Abélard au Musée des Petits-Augustins.

« Ce tombeau a été transporté de l'église Saint-Marcel lès-Châlons-sur-Saône en l'an VIII (1800). »

Les restes d'Héloïse et d'Abélard sont réunis dans ce tombeau. » (Cette inscription est répétée deux fois).

« Le corps d'Abélard et d'Héloïse ont été transportés dans ce lieu en l'an VIII. »

Ces inscriptions diverses nous apprennent que les tombeaux des deux infortunés amans furent d'abord placés dans l'église du Paraclet, et qu'ils ont été ensuite recueillis au Musée des Petits-Augustins. Mais quelles circonstances ont amené les translations multipliées de ces tombes célèbres, dont la mobilité rappelle la vie errante et agitée des deux victimes qu'elles renferment ?

Unis par l'amour et le malheur, Héloïse et Abélard, après une existence orageuse, voulurent reposer ensemble au Paraclet qu'Abélard avait fondé. Héloïse y plaça elle-même son époux dans une chapelle qu'il avait fait construire; et, vingt-un ans après, elle vint reposer auprès de lui. Ces deux tombeaux restèrent trois cents ans sous cet abri hospitalier. En 1497 on les sépara; et, transportés dans la grande église de l'abbaye du Paraclet, ils furent placés de chaque côté du chœur. En 1630 on les déplaça de nouveau; et, par les soins de l'abbesse Marie de La Rochefoucault, ils furent réunis dans la chapelle de la Trinité. L'abbesse Catherine de La Rochefoucault fit élever, en 1676, un monument au fondateur du monastère et à sa première abbesse. Un groupe, représentant les trois personnes dont se compose l'unité de Dieu, avec des ornemens pareils et des attributs différens, parut à ce siècle, encore superstitieux, propre à perpétuer le souvenir du désaveu des erreurs attribuées à Abélard relativement à la Trinité.

Les deux époux ne devaient obtenir sous ce monument qu'un repos passager. En 1792 les couvens furent supprimés et leurs biens vendus. Les principaux habitans de Nogent-sur-Seine, assistés de leurs administrateurs et de leur curé, enlevèrent les corps d'Héloïse et d'Abélard, et les placèrent dans un des caveaux de leur église. Cette cérémonie fut faite avec pompe et dignité. Cependant les débris du Paraclet avaient été recueillis par un ami des arts. M. Le Noir en avait formé avec goût une chapelle sépulcrale dont il avait orné le jardin du Musée des Petits-Augustins. Jaloux de compléter ce monument, il sollicita une nouvelle translation des restes d'Héloïse et d'Abélard. Le gouvernement l'ordonna le 18 avril 1800. M. Le Noir plaça religieusement ces touchans débris dans la chapelle qui leur était destinée, et le jardin du Musée conserva cet ornement jusqu'en 1814.

A cette époque, le bâtiment de ce Musée changea de

destination. Héloïse et Abélard furent d'abord transportés dans une cour; et en 1817, le 16 juin, on les transféra définitivement au cimetière du *Mont-Louis*. Le monument fut réédifié, et, le 6 novembre, ils furent placés dans le lieu qu'ils occupent aujourd'hui. C'est là que paraissent devoir s'achever les voyages si nombreux de ces deux tombeaux qui se présentent parmi tant de monumens modernes, comme un souvenir du passé, relique chère aux amis des arts, aux âmes tendres, et précieuse pour l'histoire. Victimes d'une fatalité cruelle, immortalisés moins par leurs écrits que par une passion qui fit le bonheur et le tourment de leur vie, Héloïse et Abélard semblent dire encore aux pieux étrangers qui viennent faire un pèlerinage sur leur tombe :

> *Réunis à jamais* dans la nuit du tombeau,
> Que la main des amours y grave notre histoire;
> Et que les voyageurs, pleurant notre mémoire,
> Disent : Ils s'aimèrent trop; ils furent malheureux.
> Gémissons sur leur tombe, et n'aimons pas comme eux.
>
> COLARDEAU.

II. Du lieu où s'élève le tombeau d'Héloïse et d'Abélard, on voit le cimetière particulier des Israélites. Plusieurs monumens assez remarquables brillent dans cette portion de l'enclos du Mont-Louis. Celui qui nous a le plus frappés non par la beauté de l'architecture qui est simple et de bon goût, mais par les touchans souvenirs qu'il rappelle, c'est le tombeau de madame Fould. Les pauvres regardaient madame Fould comme leur providence. Née dans la médiocrité, elle consacra la fortune que le sort lui donna depuis au soulagement de l'humanité. Jamais on ne l'implora vainement. Le jour de sa mort fut un jour de deuil pour les indigens. Quinze cents suivirent son convoi. On assure que celui de ses amis qui avait été chargé de son panégyrique se borna à ces simples paroles : « Est-il quelqu'un parmi vous, de quelque pays, de quelque religion qu'il soit, qui, dans sa détresse, ait exposé sa misère à madame Fould, et s'en soit retourné la main vide ? » — *Personne*, répondirent les indigens d'une commune voix. « S'il en est ainsi, reprit l'orateur, implorons l'Eternel pour celle qui fut si bonne envers les hommes; il la récompensera d'une vie toute consacrée à leur faire du bien. » Oraison funèbre sublime dans sa simplicité, et qui n'honore pas moins l'apologiste que l'héroïne.

III. Revenus à la porte provisoire du cimetière, dirigeons nos pas vers le coteau qui s'offre devant nous. A droite, en montant vers le plateau qu'occupait la maison du père La Chaise, on trouve un tombeau en pierre assez bien exécuté, et surmonté d'une petite urne ornée d'immortelles. Sur la façade septentrionale de ce tombeau on lit cette épitaphe copiée sur un autre du *Champ du Repos* (*Voyez* n°. XVIII).

ICI REPOSE

Geneviève-Euphrasie-Brigitte VESQUES,

Agée de dix-sept ans sept mois.

Repose en paix, *fille* chérie,
L'inexorable mort qui termina ta vie,
De tes *vertus* a vu finir le cours;
Mais dans nos cœurs, ah! tu vivras toujours!

Quand on connut son âme et si belle et si tendre,
On ne peut s'empêcher de répandre des pleurs;
Mortel, qui que tu sois, foulant ici sa cendre,
Révère son asile : il est cher aux bons cœurs.

Sur la façade de l'ouest est écrit :

Enfant chéri,
Tu vécus trop peu pour ceux qui t'ont connue.
O deuil éternel !
Pleurons et prions pour elle.

Sur la façade de l'est :

Les frères et sœurs
A la plus tendre des sœurs.

IV. A gauche, en montant, on voit une tombe en forme de coffre élevée de deux pieds, et supportée par quatre boules en pierre ; sur le côté méridional est cette inscription :

A LA MÉMOIRE
De madame *Adélaïde GINOT*,
Epouse de M. RAVENNEL, commissaire des guerres,
Enlevée à sa famille et à ses enfans
Le 12 octobre 1813.

Si les vertus pouvaient prolonger la carrière,
Adélaïde, hélas ! eût vécu plus long-temps :
Elle fut tendre épouse, elle fut bonne mère :
Plaignez son époux, ses enfans.

V. En continuant de gravir le coteau à droite de la chapelle, on découvre le monument d'un personnage dont la vie offrit tour à tour le comble des prospérités et celui des infortunes ; que la liberté et la justice accusèrent plus d'une fois, mais auquel la générosité nationale a pardonné ses fautes, parce qu'elles ont été surpassées par ses infortunes ; mélange singulier de bonheur et de misères, de raison et de démence, de talens et d'ignorance, d'éloquence noble et de basse adulation :

tel fut le comte Regnauld de Saint-Jean-d'Angély. A qui pourrait-on mieux appliquer cette belle épitaphe faite par Piron pour Jean-Baptiste Rousseau ?

Voici l'abrégé de sa vie
Qui fut trop longue de moitié :
Il fut vingt ans digne d'envie,
Et dix ans digne de pitié.

Après avoir joui au plus haut degré de la faveur de Napoléon, Regnauld, oublié en 1814, reparut au pouvoir pendant les cent jours; exilé lors de la rentrée du roi, il traîna long-temps une vie errante, las de sa nullité, et ne pouvant s'accoutumer à l'abandon; on le vit tour à tour en Amérique et dans divers états de l'Europe. Son imagination était frappée par le malheur, et sa raison semblait quelquefois chanceler. Après quatre ans d'exil, ses amis obtinrent enfin son retour; sa santé altérée s'opposait à ce qu'il pût jouir de cette faveur. Néanmoins il part; le désir de revoir sa patrie l'emporte sur la souffrance; mais plus il approche de ce sol chéri, plus son mal augmente : il touche les murs de Paris, une crise se déclare; le proscrit revoit le théâtre de son ancienne prospérité et meurt.....

Sa famille a fait placer ses restes au Père La Chaise. Elevé sur le coteau, et tourné vers Paris, son vaste monument semble encore dominer dans ce lieu d'égalité. Il forme un immense piédestal en pierre, sur le devant duquel est une porte où l'on arrive par trois marches. Au-dessus de ce piédestal s'élève un monument carré à orillons en marbre blanc, qui supporte une urne également en marbre blanc. Son nom est inscrit le long de la corniche du piédestal :

REGNAULD DE SAINT-JEAN-D'ANGELY.

Au-dessous on lit ce quatrain répété sur les deux faces opposées :

Français, de son dernier soupir
Il a salué sa patrie ;
Le même jour a vu finir
Ses maux, son exil et sa vie.

Ces vers, remarquables par leur noble et touchante simplicité, sont de M. Arnault fils, auteur de *Régulus* et de *Pierre de Portugal.*

VI. En tournant les yeux à gauche, on voit un autre monument non moins remarquable que le précédent par son exécution. Bâti en marbre gris-noir, il forme un carré long, et est surmonté d'une espèce de niche de même matière, dans laquelle est, en bronze, le buste du défunt, vrai chef-d'œuvre de l'art, et qui de plus a le mérite d'offrir une ressemblance parfaite. Au bas de ce buste est le nom du décédé :

ANNE-ANDRÉ RAVRIO.

Sur le côté où est ce buste, et qui fait face à la porte d'entrée, on lit cette inscription :

Mort le 4 septembre 1814, dans sa cinquante-cinquième année.
Célèbre dans l'art du bronze-doreur :
Et connu par ses poésies fugitives.

En mourant, il fonda un prix de 3,000 francs pour être décerné au premier qui trouvera un remède aux maux

Dessiné et Gravé par Ambroise Tardieu.

Dubois D.t et S.t

que l'emploi du mercure fait éprouver aux ouvriers doreurs.

Il descend dans la tombe en conjurant l'effet
D'un métal meurtrier, poison lent et funeste :
Son corps n'est déjà plus, mais sa vertu nous reste,
Et son dernier soupir est encore un bienfait.

Sur la façade de l'est, qui forme le derrière du tombeau :

Un fils d'Anacréon a fini sa carrière ;
Il est, dans ce tombeau, pour jamais endormi :
Les enfans des beaux-arts sont privés de leur frère ;
Les malheureux ont perdu leur ami.

Sur le côté du midi :

Erigé, en vertu de concession
A perpétuité.

Différens bas-reliefs en bronze, fournis sans doute par les élèves de Ravrio, ornent ce monument. Sur la principale face, le bas-relief de gauche est composé d'un compas, d'un pinceau, d'une sphère, d'un quart de cercle, d'une équerre, d'une règle, d'un marteau et d'un ciseau, attributs du bronze-doreur. Un tambour de basque, une marotte, un triangle, une lyre, un papier sur lequel est gravée de la musique, une flûte de Pan, attributs de la poésie, composent celui de droite. Ces deux bas-reliefs sont reproduits sur la face opposée ; et au-dessus, derrière le buste de Ravrio, est une grosse couronne de cyprès aussi en bronze, dans le milieu de laquelle on voit un R. Aux deux côtés du monument, c'est-à-dire, au midi et au nord, sont, à la partie supérieure, deux belles têtes sépulcrales encore en bronze. Ce superbe tombeau est entouré d'une grille d'un très-bon style, sur laquelle sont distribuées des têtes de pavots de même matière que les autres ornemens.

VII. En remontant un peu vers la droite, j'aperçois d'abord le simple tombeau d'un philologue estimable :

MEMORIÆ
Ennii Quirini VISCONTI,
Doctissimi philologorum;
Diem functi VI *id. februarii* 1818.
Petrus Collot amicus
Theresia Doria uxor,
Sigismundus et Ludovicus filii,
Amoris et pietatis causâ,
Posuêre.

VIII. Très-près de ce dernier tombeau, toujours en montant, on voit, sur une base en marbre noir, un tombeau en forme de piédestal en marbre blanc, sur lequel on lit :

Marie-Joseph de CHÉNIER,

Né à Constantinople en 1764,
Mort à Paris en 1811.

Nous aurons occasion de remarquer plusieurs autres tombes qui portent des épitaphes aussi simples. Les grands hommes n'ont besoin que de leur nom pour attirer, près du tombeau où repose leur cendre, le voyageur instruit qui connaît leurs actions ou leurs ouvrages. Toutefois, si l'on eût voulu inscrire une plus longue épitaphe sur le tombeau de Chénier, ses œuvres eussent aisément fourni quelques vers attendrissans. On eût pu choisir, par exemple, un passage de son admirable élégie intitulée *La Promenade*, composée peu de temps avant sa mort, à une époque où, miné par la douleur, dévoré de

Pag. 41.

Marie Joseph
DE CHENIER
Né à Constantinople.
en 1764;
Mort à Paris en 1811.

Dubois D^t et S^p

chagrin, dans un état voisin de la misère, Chénier voyait sans regrets s'avancer l'heure inévitable de la mort. Après avoir désigné poétiquement le lieu de son tombeau, il s'écriait :

Vous, amis des humains, et des champs et des vers,
Par un doux souvenir peuplez ces lieux déserts;
Suspendez aux tilleuls qui forment ces bocages
Mes derniers vêtemens, mouillés de tant d'orages;
Là quelquefois encor daignez vous rassembler;
Là prononcez l'adieu : que je sente couler
Sur le sol enfermant mes cendres endormies,
Des mots partis du cœur, et des larmes amiés!.....

IX. A gauche du tombeau de Chénier, sous une allée d'arbres, est celui du Chantre des Jardins, le Virgile français. Une architecture plus simple qu'élégante forme le caractère de ce monument, dont l'extérieur n'offre pas peut-être toute la grâce et toute la légéreté que l'on eût désirées dans le mausolée du poëte de la nature. Des fleurs soigneusement cultivées, des arbustes précieux ornent les environs de ce tombeau élevé par la tendresse conjugale. L'intérieur forme un oratoire; il est meublé de six escabeaux ou tabourets en bois et d'un tapis de pied en velours d'Utrecht; deux coffres en bois de chêne, recouverts d'un devant et d'un dessus d'autel y ont été placés. L'un contient les restes embaumés de l'auteur des *Géorgiques;* l'autre, encore vide, attend celle qu'il nommait son *Antigone.* Un Christ en cuivre doré et divers ornemens sacrés décorent l'autel qui surmonte ce double cercueil. Cette disposition du tombeau de Delille est conforme à ses vœux exprimés en vers touchans long-temps avant sa mort, dans l'*épître à sa femme* qui précède le poëme de l'*Imagination.* On aimera à trouver ici ces vers :

Ecoute donc, avant de me fermer les yeux,
Ma dernière prière et mes derniers adieux.
Je te l'ai dit : au bout de cette courte vie
Ma plus chère espérance et ma plus douce envie,
C'est de dormir aux bords d'un clair ruisseau ;
A l'ombre d'un vieux chêne et d'un jeune arbrisseau.
Que ce lieu ne soit pas une profane enceinte,
Que la religion y répande l'eau sainte,
Et que de notre foi le signe glorieux,
Où s'immola pour nous le rédempteur du monde,
M'assure, en sommeillant dans cette nuit profonde,
De mon réveil victorieux.

Madame Delille a rempli, autant qu'il était en elle, les désirs de son mari.

On entre dans l'intérieur du tombeau par une porte de bronze. Au-dessus de cette porte, exposée au midi, est gravée sur la pierre cette inscription :

JACQUES DELILLE.

La même inscription est répétée sur la façade septentrionale, et gravée en lettres d'or sur un marbre qui semble attendre une épitaphe digne du poëte français.

Au moment où nous visitions ce monument élevé par l'amour conjugal à la mémoire du meilleur des hommes, des jardiniers travaillaient dans ce bosquet funéraire. La porte de bronze du caveau sépulcral était ouverte. Nous sollicitâmes et nous obtînmes la permission d'y entrer. Ce fut avec un respect religieux que nous pénétrâmes dans cette dernière demeure d'un grand homme. Après être long-temps restés en contemplation devant le cercueil de plomb qui contient les restes mortels de Jacques Delille, nous tirâmes notre crayon, et nous écrivîmes sur

Pag. 41.

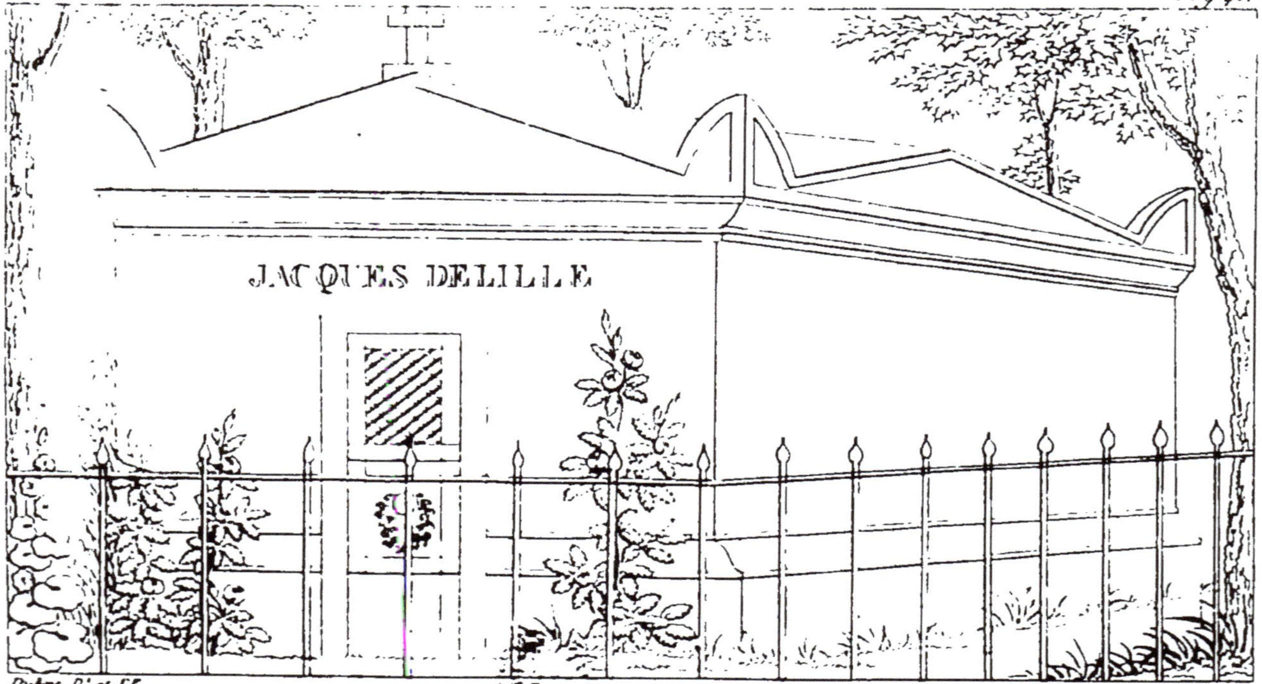

Dubois D. et Sc.

la pierre intérieure du monument ce passage si connu d'Horace :

« *Exegit monumentum œre perennius.* »

X. A gauche du tombeau de Delille, dans la même allée et pour ainsi dire sous l'ombrage des mêmes arbres, au milieu d'un petit bosquet très-bien entretenu, est une colonne surmontée d'une urne funéraire. Sur cette colonne on voit gravée au trait une sphère, symbole du genre de talent du décédé. Au bas on lit :

EDME MENTELLE,

Membre de l'Institut,

Décédé

Le 20 décembre 1815,

A l'âge de quatre-vingt-six ans.

ΟΥ ΓΑΡ ΔΟΚΕΙΝ ΑΡΙΣΤΟΣ

ΑΛΛ' ΕΙΝΑΙ ΘΕΛΕΙ.

XI. Tout près de Delille et dans la même enceinte, un cippe de bon goût, surmonté d'une urne, couvre un poëte aimable élevé à l'école d'Anacréon et de Chaulieu :

Stanislas-Jean ;

Chevalier ***DE BOUFFLERS***,

Né à Paris en 1738, mort à Paris en 1815.

Sur l'urne cinéraire on lit ces mots dignes de la facile philosophie du poëte :

Mes amis, croyez que je dors.

Au bas du cippe est écrit ce vers de Delille dans une épître au chevalier de Boufflers :

Honneur des chevaliers, la fleur des troubadours.

XII. Encore dans l'enceinte de la grille qui entoure le monument de Delille, une très-simple pierre porte cette inscription :

Hic amor non cineres amici quo non fidelior alter.
J. B. H. J. DUREAU DE LA MALLE, M. A. C. GALL.
COENOTAPHIUM.

Sous le même bosquet, comme dans un sanctuaire retiré, s'offre une suite de monumens consacrés à des hommes chers aux lettres et à l'amitié.

XIII. Le premier à droite, en entrant du côté de la chapelle, est une colonne en marbre blanc avec une urne cinéraire. Un jardin très-soigneusement cultivé l'entoure. On y lit cette inscription :

Jean-Baptiste-Antoine SUARD,
Secrétaire perpétuel de l'Académie française,
Officier de l'ordre royal de la Légion-d'Honneur,
Chevalier de l'ordre royal de St.-Michel, décédé à Paris
Le 20 juin 1817, âgé quatre-vingts ans.
Il attend son amie.

M. Suard fut très-long-temps secrétaire perpétuel de l'Académie française ; la pureté de son goût, l'atticisme de son style lui avaient mérité ce titre. Dans un temps où tout fléchissait sous le joug de Napoléon, il eut le noble courage de lui refuser, en présence de toute l'Académie, de faire un Commentaire contre Tacite. Napoléon prétendait que cet historien avait exagéré les vices et les cruautés des empereurs romains.

M. Suard était beau frère de C. J. Panckoucke, éditeur de l'*Encyclopédie méthodique*, et oncle de M. C. L. F. Panckoucke, traducteur de la *Germanie de Tacite.*

XIV. Près du spirituel secrétaire perpétuel, repose un énergique défenseur de la liberté, poëte agréable, savant littérateur, dont le nom sera toujours cher aux vrais amis de la patrie et des lettres.

P. L. GINGUENÉ,
De l'Institut de France, né à Rennes
En avril 1748, décédé à Paris le 16 novembre 1816.

A la suite de cette inscription on lit les vers suivans:

Celui dont la cendre est ici
Ne sut, dans le cours de sa vie,
Qu'aimer ses amis, sa patrie,
Les arts, l'étude et sa Nancy.

Ce quatrain simple et touchant termine une épître remplie de grâces adressée jadis par M. Ginguené à sa femme, et intitulée *Convalescence.*

XV. Vis-à-vis de Ginguené, toujours sous le bosquet de Delille repose un médecin habile et courageux. Son monument, qui n'a rien de remarquable, porte cette inscription:

Ici repose le cœur de J.-F.-Jenin De MONTÈGRE, docteur en médecine, né à Bellay, département de l'Aisne, le 6 mai 1779, mort à Saint-Domingue à la fleur de l'âge, victime de son zèle ardent pour l'avancement des connaissances et pour la cause de l'humanité, le 4 septembre 1818.

Ce simple monument, d'une douleur partagée par de vrais amis, a été élevé par sa veuve le 18 février 1821.

Montègre avait renoncé à une brillante fortune, à une honorable indépendance pour aller, sous le climat meurtrier d'Haïti, observer les symptômes de la fièvre jaune. Il partit pendant l'été de 1818, et fut accueilli avec distinction par le président de la république. Le 1er. septembre 1818, il se dirigeait vers le Port-au-Prince; au passage d'une rivière il voit une femme entraînée par le courant et en danger de périr. Tout baigné de sueur, le généreux Montègre se précipite dans les flots, et sauve la vie de cette femme aux dépens de la sienne. En effet, le passage subit de la chaleur au froid développa bientôt la fièvre jaune, et, quatre jours après, il n'était plus. Son cœur fut apporté à Paris, et sa veuve lui fit élever ce tombeau.

XVI. Quel est ce monument composé de quatre petits obélisques en pierres de liais, et entouré d'un jardin bien cultivé? Placé entre Suard et Ginguené, admis sous le bosquet littéraire, quels sont ses titres à un tel honneur? Les noms qu'il porte n'ont rien de connu. Ce monument est consacré à l'enfance. Une famille éplorée a confié à ces tombes les restes de quatre enfans successivement frappés par la mort peu de temps après leur naissance; son ingénieuse douleur les a placés auprès des talens et du génie, heureuse idée qui leur assure une longue mémoire. Ailleurs leur sépulture, connue de leur seule famille, se fût perdue dans la foule des sépultures vulgaires, Placés sous un berceau visité sans cesse, peuplé de souvenirs, et protégé par la gloire, l'ombre des grands hommes qui les environnent les défendra de l'oubli. Lisons les touchantes inscriptions qui couvrent ces quatre tombeaux :

AU PLUS CHÉRI DES FILS,

Alexandre-Constant

NAU,

Né le 13 août 1815,
Décédé le 25 mai
1818.

Le ciel, en le formant, prodigue de faveurs,
Semblait avoir pour nous épuisé ses richesses.
Il fut tous nos trésors.... La mort à nos caresses
L'arrache.... et pour toujours fera couler nos pleurs.

A NOTRE EDOUARD.
Alexandre Edouard
NAU,
Né le 3 avril 1821,
Décédé le 10 avril 1823.

La mort à notre amour avait ravi ton frère;
Tu vins, tu suspendis nos transports douloureux:
Le fils que nous pleurions revécut pour sa mère;
Tu fus notre bonheur!.... Bonheur! vaine chimère!
Ils ne sont plus!.... Pour nous tout est mort avec eux.

A
NOTRE CHER ALFRED.
Alexandre-Alfred
NAU,
Né le 4 septembre 1822.
Décédé le 24 juin 1823.

Toi qu'appellent envain nos regrets et nos pleurs,
Et qui t'éteins si jeune au flambeau de la vie,
La tombe couvre, hélas! ta dépouille chérie;
Mais tu vivras à jamais dans nos cœurs.

A NOTRE ALPHONSE.
Hubert-Sulpice-Alphonse
NAU,
Né le 15 juillet 1819,
Décédé le 11 avril 1824.

Aimable enfant, de sa famille en deuil
Naguère encor la plus douce espérance,
Les larmes de son père arrosent son cercueil,
Et sa mère! sa mère, appui de son enfance,
Qui chérissait en lui trois fils qu'elle a perdus,
Sa pauvre mère, hélas! pleure et n'espère plus.

Le bosquet littéraire renferme encore quelques hommes distingués, le peintre Vincent, l'architecte Bellanger, immortalisé par la coupole de la Halle au blé, l'architecte Brongniart dont les plans ont dirigé la distribution du jardin du père La Chaise. Les divers monumens qui les couvrent sont simples, et n'offrent d'autre inscription que leur nom et leurs titres.

Je sors du berceau de Delille, et une foule d'écrivains, de savans célèbres s'offrent de tous côtés.

XVII. En descendant le coteau on découvre un monument très-simple en pierre. On y lit ces mots :

ICI REPOSE

Jean-Guillaume BALVAY dit *BERVIC*,

Célèbre graveur,
Chevalier de la Légion-d'Honneur,
Membre de l'Institut de France et de diverses Académies,
Né le 23 mai 1756,
Mort le 23 mars 1822.

ICI REPOSE

Aussi sa petite-fille *Elisabeth-Henriette TREMEAU*, née le 26 janvier 1817, morte le 15 avril 1822.

XVIII. Vis-à-vis de Delille sur la même ligne à droite est une tombe carrée en marbre blanc. Sur la façade est

Pag. 43.

André-Ernest-Modeste
GRETRY
Le 24 septembre 1813.
Repose
Erigé à sa mémoire
Par ses neveux ses nièces

Dubois Dᵗ et Sᵗ

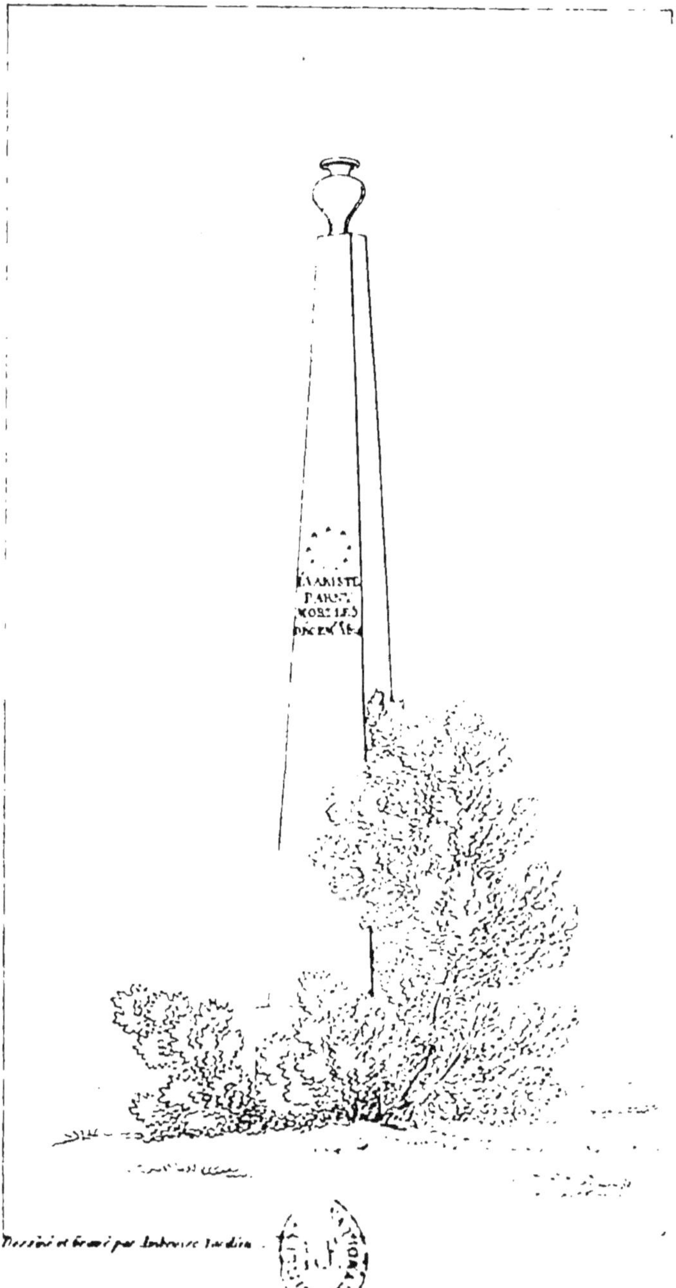

Dessiné et Gravé par Ambroise Tardieu

sculptée en or une lyre, et au bas on lit cette inscription aussi en lettres d'or :

André-Ernest-Modeste
GRÉTRY
Né à Liége le 11 février 1741,
Décedé à l'hermitage d'Emile
Le 24 septembre 1813,
Repose
Sous ce monument
Erigé à sa mémoire
Par ses neveux et ses nièces.

XIX. En descendant à droite, un obélisque en marbre noir frappe mes yeux, et je reconnais le dernier asile du seul poëte érotique français, de notre Tibulle, du chantre d'Eléonore.

Evariste
PARNY,
Mort le 5 décembre
1814,
Elevé par sa malheureuse veuve, ses parens et ses amis
les plus intimes.

Près de lui une pierre déjà noircie porte cette épitaphe :

CI GIT Marie-Françoise-Grace WELLY,
Epouse d'*Evariste PARNY*,
Décédée le 10 mai 1820.

On regrette de ne pas trouver d'épitaphe sur le tombeau de Parny; ne pourrait-on pas y inscrire ces vers charmans ?

Je suis au port, et je me ris
De ces écueils où l'homme échoue,

Je regarde avec un souris
Cette fortune qui se joue
En tourmentant ses favoris;
Et j'abaisse un œil de mépris
Sur l'inconstance de sa roue.

PARNY.

XX. Au-dessus de Parny faisons deux pas à droite, et nous trouverons le monument d'un peintre illustre : c'est un piédestal en pierre à orillons surmonté d'une urne cinéraire :

Gérard VAN SPAENDONCK,
Né à Thibourg en 1746,
Décédé à Paris le 16 mai 1822,
Membre de l'Institut royal de France,
Chevalier de l'ordre royal
De la Légion-d'Honneur,
Professeur d'iconographie,
Et administrateur du Jardin du Roi.

XXI. Un peu plus bas à droite sur une simple pierre on lit cette épitaphe plus simple encore:

René-Just HAUY.

XXII. Trois pas plus haut s'offre un piédestal carré supportant un buste en bronze; l'inscription se borne au nom de l'artiste célèbre que couvre le monument,

BRÉGUET.

XXIII. Une plus grande renommée repose sous un monument d'une élégante simplicité. Tout près de Bervic on découvre le monument de BERNARDIN DE SAINT-

Pag. 43.

Dubois D.t et S.t

Pierre, de l'éloquent successeur de Rousseau, qui a dit avec une si énergique vérité : *Un tombeau est un monument élevé sur les limites des deux mondes.* Le plus grand prosateur du siècle, l'auteur de *Paul et Virginie* et des *Etudes de la nature* méritait de reposer entre Parny, Chénier, Grétry et Delille.....

XXIV. Un peu au-dessus de ce dernier est un tombeau en pierre et presque de la même forme. Dans une niche pratiquée dans l'épaisseur de la pierre est un buste en marbre blanc. Au bas de ce buste est écrit :

A F. FOURCROY.

XXV. A quelque distance est un grand et vaste tombeau surmonté d'une petite croix sur le devant, le tout en pierre. Sur la façade principale qui donne vis-à-vis la porte d'entrée du cimetière est gravée en lettres d'or sur une plaque de marbre noir cette épitaphe :

HIC JACET

Vir omnibus desiderandus
Eduardus-Franciscus-Maria BOSQUILLON,
Lector regius, necnon græcarum litterarum, in collegio regio professor,
Facultatis medicæ Edimburgi socius,
Qui dum vivebat ægros restituit, egentes opitulatus est,
Fuit artis medicæ tironum patronus.
Amicis carus! unica conjugis dilectissimæ cura!
Obiit, anno reparatæ salutis M. D. CCC. XIV,
Die vigesimâ primâ novembris; ætatis verò suæ 70.
Requiescat in pace.

Hoc monumentum, amoris pignus, erigi curavit dilectissima conjux

Maria NAUDIN,

Eodem in sepulcro, jubente Deo, olim recondenda.

XXVII. Un peu plus bas on remarque un tombeau en pierre surmonté d'une urne en marbre noir, sur laquelle est écrit en lettres d'or :

CINERARIUM.

Ici dort à l'abri d'un simple monument
Une amie, une épouse, une mère chérie,
Qui du bonheur des siens fit celui de sa vie,
Et fut riche des dons versés sur l'indigent.

Au-dessous de ces quatre vers on lit quatre autres vers latins qui en sont la traduction littérale :

Cara parens natæ, conjux dilecta marito,
Hoc tumulo modico dulcis amica jacet :
Illa suis vitam dedit ingeniosa beandis
Ære dato miseris dives et illa fuit.

J.-F.-Grâce DES ISNARDS,

Epouse de *J.-A. BERGON*, conseiller d'état,
Né à Paris le 4 septembre 1767,
Morte le 17 juin 1814.

XXVIII. Dans la même direction, en montant à droite, on rencontre un bosquet planté d'arbres, et entouré d'une grille. Au milieu s'élève une colonne en pierre terminée par une urne cinéraire portant cette inscription :

ICI REPOSE

Frédéric-Humbert de LATOUR-DUPIN,
Décédé le 28 janvier 1814.

Sur la pierre qui sert de base à la colonne on lit :

A LA MÉMOIRE D'HUMBERT,

Ses amis désolés.

Nourri par les vertus, formé par la nature,
Son cœur fut généreux, et son âme était pure ;
Il aimait à compter ses jours par ses bienfaits,
Ses amis compteront les leurs par des regrets.

XXIX. Remontez le coteau, et traversez un chemin qui mène à la chapelle, vos yeux seront frappés de plusieurs tombes qui rappellent, en différens genres, des souvenirs touchans.

Le premier est celui de l'un de nos plus célèbres compositeurs. Ce monument de bon goût se compose d'un fragment de colonne en marbre blanc, surmonté d'une urne cinéraire en marbre noir. Au-dessous d'une lyre dorée on lit cette inscription éloquente dans sa simplicité :

E. MÉHUL,
Membre de l'Institut,
Et de la Légion-d'Honneur,
Né à Givet
Le 22 juin 1763,
Mort à Paris
Le 18 octobre 1817.
SES ÉLÈVES,
Le 9 novembre 1822,
Lendemain
De la première représentation
De
Valentine de Milan.

XXX. A côté de Méhul s'élève un cippe en pierre de liais, surmonté d'une corniche à orillons et d'un demi-globe terrestre sur lequel le sculpteur a figuré le soleil. Ce monument couvre une femme célèbre par les grâces de son esprit, son intrépidité et sa fin prématurée.

A LA MÉMOIRE de madame
Sophie-Armand, veuve *BLANCHARD*,
Célèbre aéronaute,
Victime de son art et de son intrépidité.
Elle fut enlevée à ses amis, le 6 juillet 1819.
Dans sa quarante-troisième année.

On lit sur ce monument les vers suivans écrits au crayon :

Honneur à ce noble courage
Qui s'éleva dans la plaine des airs,
Et sut, bravant et la foudre et l'orage,
Voir sans effroi s'enflammer les éclairs.

J. MOCRE.

XXXI. Non loin de cette femme célèbre, à gauche en montant, on trouve la tombe très-simple d'un homme qui a acquis, dans ces derniers temps, une célébrité d'un genre différent, et dont le caractère contraste avec celui des personnages qui l'environnent :

Dominique ELIÇAGARAY,
Conseiller de l'Université de France,
Administrateur des Quinze-Vingts.
Grand-vicaire de Reims,
Chanoine honoraire de Notre-Dame,
Chevalier de l'ordre royal
De la Légion-d'Honneur, etc.,
Né à Haxe en Navarre le 17 juin 1768.

Décédé à Paris le 21 décembre 1822.

XXXII. A droite de M. Eliçagaray on remarque un pilastre en pierre de liais surmonté d'une urne cinéraire, et orné de divers emblèmes relatifs à l'art musical. On y lit plusieurs inscriptions :

Du côté du midi :

A

Pierre GALIN,

Inventeur du méloplaste
Et du chronomériste,
Né à Bordeaux en 1786,
Mort à Paris le 31 août 1822.
Par ses élèves.

Du côté de l'orient on lit :

Alors je n'eus qu'un parti
A prendre
Pour me déterminer ;
Ce fut de balancer
Les noms fameux en musique
Par des noms imposans
En philosophie.
Je le fis ;
Bacon, Descartes,
Locke, Condillac
Destutt Tracy
Furent mes enseignes,
Et je pus me livrer
A mes idées les plus chères
Sans scrupule
Et sans orgueil.

(GALIN, *méthode du méloplaste*).

Derrière les monumens de Méhul et de madame Blanchard, on découvre encore ceux de Persuis et de Nicolo Isouard, deux compositeurs également distingués.

XXXIII. Rapprochons-nous du *rendez-vous des chars*; quel monument massif frappe nos regards ! Donnons des larmes à une jeune et innocente victime des troubles civils, dont la mémoire fut honorée par la jeunesse entière.

Ce monument forme une espèce de chambre en carré long.

Sur la façade qui regarde Paris on lit :

LALLEMANT,

Mort le 13 juin 1820.

A droite de cette inscription on lit :

L'Ecole de Droit.

A gauche,

L'Ecole de Médecine.

Sur la façade latérale de droite,

Le commerce.

Et sur la face latérale de gauche,

L'Ecole des Beaux-Arts.

Malheureuses discordes civiles ! vos traces sanglantes s'offrent de tous côtés dans le cimetière du Mont-Louis. On ne peut jeter un regard, faire un pas sans être assailli par quelque affligeant souvenir. La vengeance des partis a contribué, presque autant que la fatale nécessité de la mort, à peupler le funèbre Champ du Repos. — Dormez en paix, victimes, sinon également innocentes, du moins également dignes de pitié; et puissent, en visitant vos

Dessiné et Gravé par Ambroise Tardieu

MONGE.

débris, les Français faire sur eux-mêmes un salutaire retour, et oublier enfin, dans une union fraternelle, leurs longues et sanglantes divisions !

XXXIV. En quittant le tombeau de Lallemant, traversons le Rendez-vous des Chars ; sur la gauche, plusieurs monumens remarquables frapperont nos yeux. Le plus intéressant non-seulement par son architecture, mais par les grands souvenirs qu'il rappelle, est celui du comte Monge, du fondateur de l'Ecole polytechnique. Ce vaste monument, dans sa partie inférieure, se compose d'un caveau formant un carré long, et qui s'ouvre par une porte de bronze dans la direction du mur de clôture. La partie supérieure offre une espèce de pyramide tronquée, dont l'intérieur, qui est à jour, renferme le buste de Monge. On lit cette inscription :

A GASPARD MONGE.

Sur l'autre face on lit :

Les Elèves de l'Ecole Polytechnique

A Gaspard Monge,
Comte de Péluse.

Ce peu de mots nous apprend que ce monument est dû aux souscriptions d'une foule d'anciens élèves de l'Ecole Polytechnique, qui ont brigué l'honneur de consacrer leur souvenir à leur maître et à leur ami. Grand homme et savant illustre, Monge a mérité par ses travaux la reconnaissance de l'univers entier. Les monumens des arts qui brillaient jadis au Louvre étaient, pour la plupart, dus aux soins de Monge. Ses leçons et son exemple ont formé une génération entière de savans célèbres et de bons citoyens ; et cependant, à une époque fertile en persécutions, la disgrâce a récompensé ce généreux citoyen que l'étranger enviait à la France. Des opinions que le temps devait couvrir de l'oubli, des erreurs que la politique devait pardonner, ont été rappelées, et la couronne immortelle qui ceignait le front de Monge ne l'a point protégé contre la vengeance des partis.

XXXV. En quittant le tombeau de Monge, traversons à gauche un chemin, et gravissons le coteau dans la direction de la chapelle. Plusieurs tombes, plutôt remarquables par les hommes qu'elles couvrent que par leur architecture, s'offriront à nos regards. La première est une simple pierre tumulaire sur laquelle on lit cette épitaphe :

« Mon fils, ici repose ton père

Joseph SOUQUES,

Homme de lettres, chevalier de la Légion-d'Honneur,
Né à Paris le 19 septembre 1767,
Décédé à Paris le 14 septembre 1820;
Ami zélé de l'humanité, des belles-lettres et des arts,
Honnête homme et bon citoyen :
Il mourut sans fortune après avoir rempli
Des fonctions législatives et administratives.
Mon fils, imite ses vertus,
Advienne que pourra.

M. Souques a laissé un nom cher aux amis des lettres. Deux ouvrages dramatiques, le *Chevalier de Canolle* et *Orgueil et Vanité*, l'ont placé au rang des auteurs les plus distingués de l'époque. Il est mort dans un âge peu avancé, mais ayant assez fait pour la gloire et la vertu.

XXXVI. Près de M. Souques, sous une modeste pierre, repose un peintre de paysages, maître de l'école actuelle en ce genre, le célèbre Valenciennes. Voici son épitaphe :

Henri VALENCIENNES, peintre,

Né à Toulouse le 6 décembre 1750,

Décédé à Paris le 16 février 1819.

Ses neveux et ses nièces lui firent élever ces marques de leur souvenir et de leur reconnaissance.

XXXVII. Une tombe plus modeste encore couvre un philosophe éclairé, un ardent ami de l'humanité, un citoyen dont la vie fut une suite de bonnes actions; la satire, qui n'a pas épargné son talent, a toujours respecté son caractère.

André MORELLET,

Né à Lyon le 7 mars 1727,

Mort à Paris le 12 janvier 1819.

XXXVIII. Mais quel est ce petit monument que l'œil découvre sur le sommet de la colline? Il se compose d'une borne antique en marbre noir. On a gravé sur la partie supérieure une croix environnée de onze étoiles; un sablier orne le bas du monument. Sur les côtés deux torches renversées accompagnent un bas-relief en terre cuite, ouvrage de M. Deseine, et représentant la Charité qui, de la main droite, donne l'aumône à trois nourrices. La première de ces nourrices allaite son enfant; la seconde tient le sien dans ses bras, et la troisième veille sur son nourrisson endormi dans son berceau. Des vieillards sont à gauche; l'un reçoit de la charité des aumônes; l'autre, chargé d'années, s'appuie sur un bâton; deux femmes, en costume de religieuses, soignent un troisième vieillard sur son lit de douleur; allégorie attendrissante qui perpétue le souvenir des vertus de l'homme de bien enfermé dans ce tombeau. Voici l'épitaphe :

ICI REPOSE

M. Grégoire RÉMOND,

Né en Suisse,

Mort à Paris en 1818, âgé de soixante-trois ans.

Il fut bon époux, bon parent et ami sincère.

Les pauvres conserveront et béniront sa mémoire.

Il fonda pour eux des places à perpétuité

Dans les hospices de Paris, de Chartres et de Nogent-Le-Rotrou.

Il emporte les regrets de sa famille et de ses amis.

Priez Dieu pour le repos de son âme.

XXXIX. Si l'on gravit le coteau du midi au nord, on verra une tombe en borne antique et d'une extrême simplicité. On y lit cette charmante épitaphe :

ICI REPOSE

Mon meilleur ami ;
C'était mon frère :
Octobre 1813 ;
ISABEL.

XL. Au-dessus, un peu à droite, est un tombeau carré en forme de piédestal en pierre de liais. Un jardin l'entoure, environné lui-même d'une grille. Un buste en marbre blanc, d'une ressemblance parfaite, surmonte ce monument. Au bas sur le tombeau on lit :

Marie-Antoinette-Josèphe

RAUCOURT.

Ainsi, malgré la résistance fanatique d'un prêtre qui,

Pag. 45.

ICI REPOSE
Mon meilleur ami,
C'était mon frère.
Octobre 1813.
ISABEL.

Dubois D.t et S.t

Marie Antoinette Josephine
RAUCOURT.
15 Janvier 1815.

Dubois. D.r et S.p

lors du décès de mademoiselle Raucourt, faillit causer une émeute, cette actrice célèbre, que la scène française regrette sans pouvoir la remplacer, jouit paisiblement d'un coin de terre parmi les chrétiens, après avoir rempli la France et l'Italie de la gloire de son nom (*Voyez* l'article de mademoiselle Chameroy au *Champ du Repos*, n°. x).

XLI. Non loin de mademoiselle Raucourt, sur une simple pierre couchée on lit :

M. Mle-Sophie CARRIER,

Epouse Nivelin, âgée de trente ans,
Décédée le 27 septembre 1815.

Plaignez mon sort : pour moi la vie eut peu de charmes ;
Dans des chagrins amers j'ai passé plus d'un jour :
A peine un doux hymen avait séché mes larmes,
Quand je fus appelée à ce triste séjour.

XLII. Descendons le coteau, et, par une pente rapide, revenons vers le Rendez-vous des Chars. Une grande allée circulaire règne le long d'une vallée profonde, et conduit insensiblement au plateau qui domine Vincennes. Des tombeaux de famille bordent cette allée ornée d'acacias ; le premier qui frappe notre vue est celui d'un brave général dont le nom est associé aux plus beaux faits d'armes de la révolution.

Le caveau de famille du général Kellerman, duc de Valmy, est pratiqué dans la croupe de la montagne. Madame la duchesse de Valmy, morte en 1812, y devança son mari de dix années ; et les révolutions qui changent tout ne sont pas sans influence sur les épitaphes. Toute l'histoire des deux époques se trouve dans le contraste des deux inscriptions du duc de Valmy et de la duchesse sa femme.

Le double tombeau se compose de deux monumens jumeaux, représentant deux autels, en forme de sarcophage, en pierre de liais et en marbre noir.

Une urne en marbre blanc et divers emblèmes funéraires ornent le premier. On y lit :

ICI REPOSE EN PAIX

Marie BARBÉ, épouse de *François-Christophe de KELLERMAN*, *duc de VALMY*, maréchal de l'empire, sénateur, membre du grand-conseil et grand-aigle de la Légion-d'Honneur ; grand'croix de l'ordre royal de Wurtemberg, grand'croix de l'ordre de la Fidélité de Bade,

Décédée le 10 janvier 1812 ;

Tendre épouse, mère excellente, amie dévouée ; sa bonté, son esprit, son caractère égal, noble et sûr, et ses vertus aimables répandirent le bonheur sur tout ce qui l'entourait : elle y laisse un deuil et des regrets éternels.

Sur le devant inférieur de l'autel on voit l'empreinte en or des armes impériales.

Le second autel est surmonté d'un bas-relief en marbre blanc, représentant le duc de Valmy. Les mêmes attributs de la mort ornent la partie supérieure ; mais l'épitaphe beaucoup plus simple montre un homme revenu de la folie des titres et de la vanité des décorations. La voici :

Le maréchal de KELLERMAN,

Duc de Valmy, pair de France,

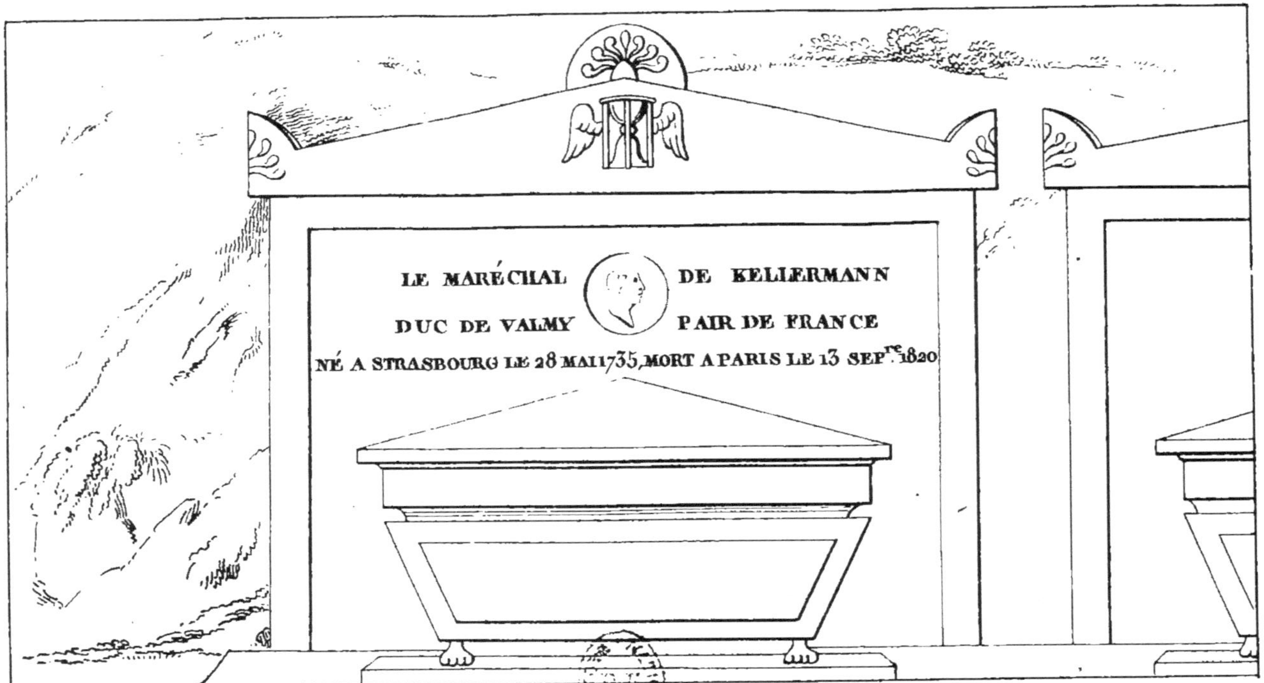

LE MARÉCHAL DE KELLERMANN
DUC DE VALMY PAIR DE FRANCE
NÉ A STRASBOURG LE 28 MAI 1735, MORT A PARIS LE 13 SEP^re. 1820

Dessiné et Gravé par Ambroise Tardieu.

Né à Strasbourg le 27 mai 1735, mort à Paris le 13 septembre 1820.

XLIII. En suivant l'allée circulaire, à la hauteur du caveau de la famille Guillaume, on voit à droite un monument très-élégant de forme carrée, surmonté d'une corniche à orillons et d'une urne cinéraire, le tout en marbre noir. Des torches renversées et des lacrymatoires ornent les parties latérales; un sablier décore le fronton : c'est celui de M. C. J. Panckoucke, si célèbre dans les fastes de la typographie. On y lit cette inscription :

A

C. J. PANCKOUCKE,
Editeur de l'*Encyclopédie méthodique*,
Fondateur du *Moniteur universel*, *etc.*,
Traducteur du *Tasse* et de l'*Arioste*;
Ami de Buffon, choisi par Voltaire
Pour éditeur de ses Œuvres;
Né à Paris le 26 novembre 1736,
Décédé le 27 novembre 1798.

Honoré de l'amitié de tous les hommes illustres qui brillèrent dans la dernière moitié du dix-septième siècle, M. Panckoucke conçut le plan des vastes entreprises littéraires qui ont porté la librairie française à un si haut degré de prospérité. Il a jeté un grand fonds de richesses nouvelles dans ce commerce, qui est celui de la pensée et des lumières. Il sut encore dérober à ses immenses occupations des instans qu'il employa au culte des Muses. On lui doit une traduction très-estimée du *Tasse* et de l'*Arioste*, une *Grammaire* dont l'expérience a sanctionné le mérite, et d'autres ouvrages qui décèlent la pureté de son goût.

M. Panckoucke était l'un de ces hommes qui, par l'étendue et la supériorité de leurs vues, la fécondité de leur imagination, la finesse de leur tact, leur habileté à juger du but et des moyens, de la portée des hommes et de la force des choses, et par-dessus tout par la loyauté de leur caractère et la noblesse de leurs procédés, semblent destinés à donner une grande impulsion à la science ou à l'art qu'ils ont embrassé, et dès lors, on peut le dire, au siècle dans lequel ils ont vécu. Doué d'un esprit vaste sans être aventureux, créateur à l'aide de méditations constantes et de calculs approfondis, M. Panckoucke eût réussi, dans quelque carrière qu'il eût embrassée, à se faire un nom égal à celui qu'il a laissé dans son honorable profession, noble héritage dignement accepté et non moins dignement soutenu.

Au-dessous du même monument se trouve cette seconde inscription :

A

MM. C. Thérèse

COURET DE VILLENEUVE

Son épouse,

Née à Orléans le 7 février 1747,

Décédée le 26 février 1823.

Leurs enfans C. L. F. Panckoucke,

Pauline Agasse, Caroline Peyre.

La perte de madame Panckoucke, dont cette inscription rappelle le souvenir, a laissé dans le cœur de sa famille et de ses nombreux amis d'ineffaçables regrets. Dans les belles années de sa vie, on l'a vue entourée de tout ce que la capitale renfermait d'hommes distingués non-seulement en France, mais en Europe, dans

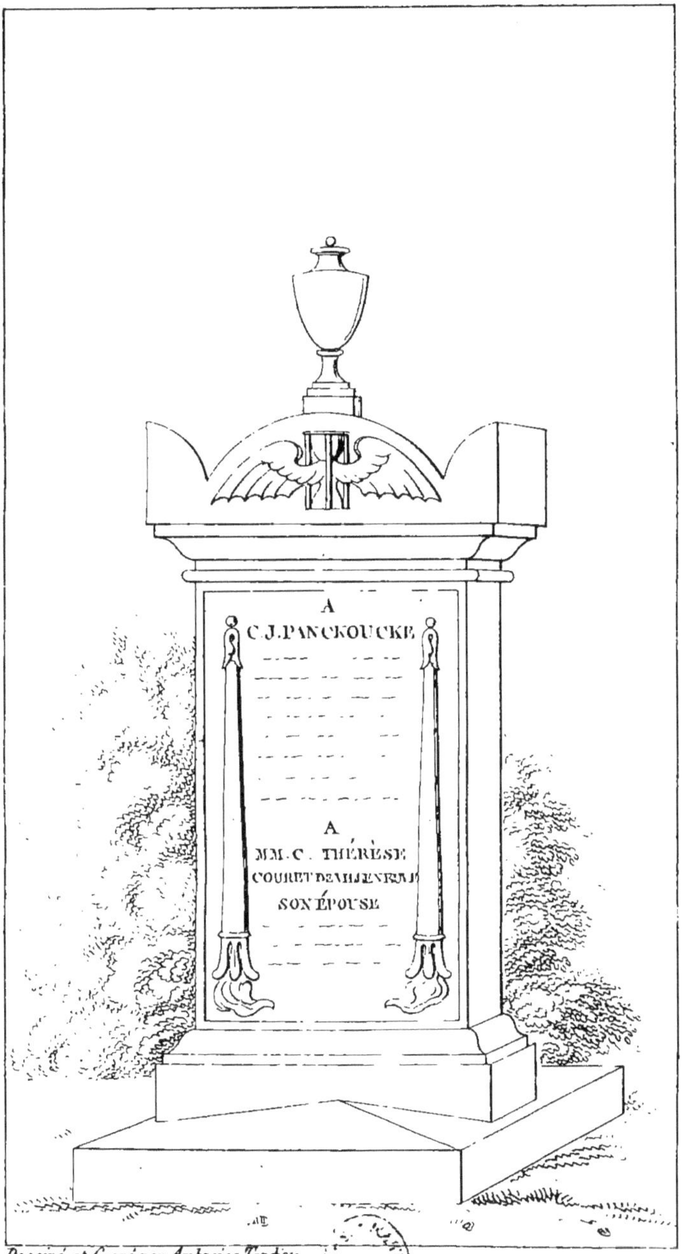

Dessiné et Gravé par Ambroise Tardieu.

Pag. 51

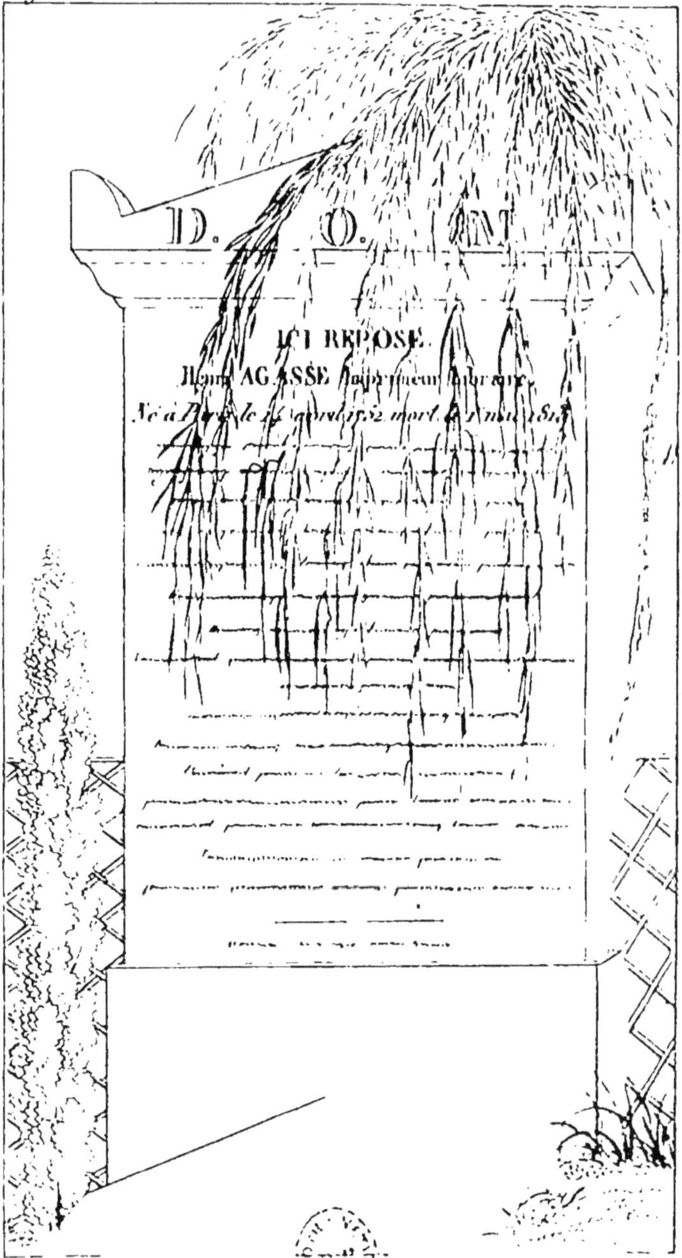
D. O. M.
ICI REPOSE
Henri AGASSE Imprimeur Libraire

Dubois D.t et S.t

les sciences, les lettres et les arts; elle ne présidait pas à leur réunion avec cette sorte de prétention qui a fait passer jusqu'à nous le nom de quelques femmes du dernier siècle. Elle les réunissait autour d'elle, et, chose remarquable, sans qu'elle cherchât à se faire écouter, c'était elle que ses illustres amis, les d'Alembert, les Diderot, les Condorcet, les Labarpe, les Champfort, les Ginguené, les Lenoir Laroche, se plaisaient le plus à entendre, tant, dans une femme aimable, ont de charmes un esprit naturel, une conversation vive, animée, semée de traits imprévus, d'images justes et piquantes, nourrie de toutes les ressources d'une vaste lecture, embellie de toutes les délicatesses de cette exquise urbanité, cachet particulier de cette époque. Les calamités politiques ayant fait évanouir ces séduisantes relations, c'est à ses jeunes enfans qu'elle consacra tous ses instans, et c'est au milieu de leurs embrassemens qu'elle a terminé une carrière honorée des larmes de tous ceux qui l'ont connue.

XLIV. Tout près de ce tombeau, un autre monument élevé sur les dessins de M. Peyre, architecte du gouvernement, est consacré à M. Henri Agasse, successeur et gendre de feu M. Panckoucke. Son épitaphe rappelle les vertus qui ont honoré sa vie.

XLV. En s'approchant du mur de clôture on remarque un monument d'un goût exquis, entouré d'un jardin très-soigneusement cultivé : c'est celui d'une victime déplorable des circonstances et d'un jour d'erreur. Labédoyère repose sous ce tombeau. Long-temps après sa mort tragique, sa famille, redoutant sans doute d'enflammer les passions, laissa cet infortuné jeune homme sans monument. Une croix noire sans inscription s'élevait solitaire sur cette tombe entourée d'une simple barrière de bois.

Cependant les circonstances devinrent plus calmes, et cette famille donna un signe public de la douleur que jusqu'alors elle s'était crue obligée de renfermer. Un monument plein d'élégance fut élevé à Labédoyère.

Ce monument tout entier en marbre blanc forme un piédestal carré, surmonté d'une corniche à orillons et d'une urne cinéraire.

La face qui se présente à la vue n'offre ni le nom ni les titres de la personne décédée; mais on y voit un bas-relief parfaitement exécuté représentant une femme en deuil. Elle tient un enfant entre ses bras, et elle est agenouillée devant une urne couverte d'un crêpe funèbre. Près de cette urne on remarque des armes, une épée, un bouclier, une couronne de lauriers. Au-dessous on lit cette inscription :

Mon amour pour mon fils
a pu seul
Me retenir à la vie.

Derrière le monument, sur la face qui regarde le mur de clôture on lit :

ICI REPOSE
Charles-Angelique-François
HUCHET,
Comte de LABÉDOYÈRE,
Né le 17 avril 1786,

Dessiné et Gravé par Ambroise Tardieu.

LABÉDOYÈRE.

Pag. 49.

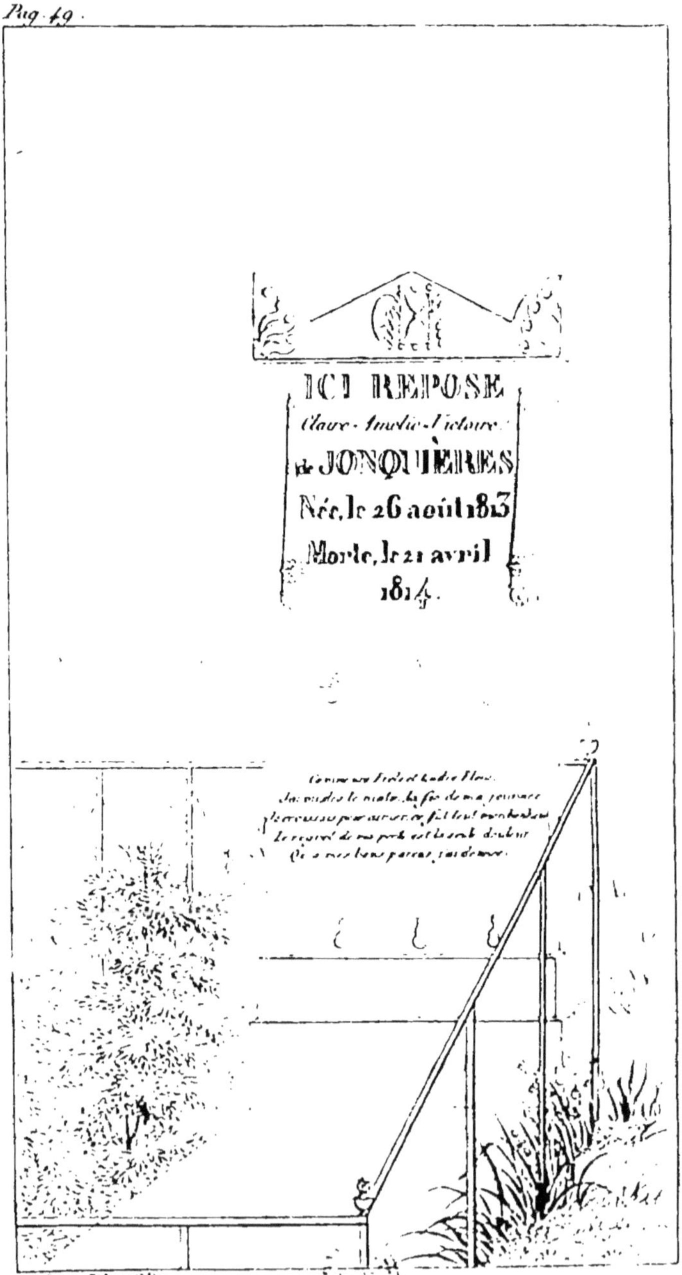

Dubois D. et S.

Enlevé
A tout ce qui lui était cher
Le 19 août 1815.

XLVI. A gauche, et presque vis-à-vis du bosquet qui couvre les restes de Labédoyère, est un tombeau construit en marbre blanc et élevé d'à peu près cinq pieds. Sur la face principale on lit cette épitaphe :

ICI REPOSE

Claire-Amélie-Victoire DE *JONQUIÈRES*,

Née le 26 août 1813,

Morte le 21 avril 1814.

Au-dessous de cette inscription est sculpté un hibou tenant dans ses pattes deux branches de lis. On lit ensuite cette autre inscription en vers :

Comme une frêle et tendre fleur,
J'ai vu, dès le matin, la fin de ma journée :
Je croissais pour aimer, ce fut tout mon bonheur ;
Le regret de ma perte est la seule douleur
Qu'à mes bons parens j'ai donnée.

XLVII. Sur le penchant de la colline, à gauche de la vallée, presqu'à côté du tombeau de mademoiselle de Jonquières, est celui du fils de M. Le Maire, professeur à l'Ecole normale de Paris. Ce tombeau est de forme triangulaire en marbre noir granit. Aux trois angles sont trois urnes en marbre pareil, sur lesquelles sont écrits : *Pater*, *mater*, *filius*. Sur la façade qui est au sud-est, et dont l'urne porte *filius*, on lit cette inscription que M. Le Maire a composée pour son malheureux fils :

Hic sita sunt ossa
Alexandri Hectoris LE MAIRE,
Quem 18 *annos peragentem*,
Emerito rhetorices cursu,
Jurisprudentiæ rudimenta simul
Et philosophiæ tirocinia ineuntem,
Latinæ poëseos laude jam egregium,
Non unius palmæ puerum,
Corporis et animi dotibus florentem,
Optimæ matris delicias,
Patris magistri decus,
Improvisâ mortis acerbæ vi interceptus,
Die 11 *decembris* 1812,
Illacrymaverunt æquales, *amici*,
Etiam ignoti indoluerunt.

Du côté du nord-est l'urne porte *pater*, et sur le marbre de la façade on lit :

O generose puer!
Tu frustra pius,
In æterno sepulcri exilio jaces;
Sed non diù solus ibi morabere;
Mox aderunt, *quos præcessisse non decuit*,
Et juxta te medium, *dextrâ lævâque componendi*,
Sub eodem et proprio cespite conquiescent;
Hinc, *qui jam non pater*,
Nænia solemni, *sinceri dolor*, *te prosequeretur*;
Illinc, *miserrima inter omnes mater*,
Quæ consolari *non vult*, quia non es.

Hic sita sunt ossa
Al^mi Hectoris le BLAIRE
FILIUS
PATRI

Dubois d^t et S^p

Vale, et nos expecta
Non longinquo digressu separatos.

XLVIII. Près du tombeau précédent, contre le mur de clôture, un autre monument attire les regards; c'est celui d'une jeune et belle actrice qui naguère encore enchantait nos yeux par sa beauté, les grâces de son esprit et les charmes de son talent. Nous l'avons vue resplendissante de fraîcheur et d'éclat, escortée d'adorateurs, enivrée de l'encens des éloges, brillante comme une fleur.... Trois jours après elle n'était plus. La mort avait touché cette rose, et, à peine ouverte, elle s'était flétrie.

Sur un monument simple, mais de bon goût, représentant une borne antique en pierre, ornée d'une table de marbre blanc, on lit cette épitaphe :

Elisabeth-Joséphine-Florentine

FLEURIET,

Artiste dramatique,
Décédée le 24 juin 1823,
Agée de vingt-un ans.

La beauté, les grâces et les talens
N'ont pu la soustraire au trépas.

XLIX. Je gravis de nouveau le coteau opposé au tombeau de mademoiselle Fleuriet, et je vois devant moi s'élever un bosquet profond : c'est le *Bosquet du dragon*. Dans l'épaisseur des arbres on remarque divers monumens, ceux des familles Dutremblay, Gautier, Brochant et Fieffé. On y trouve encore le monument du jeune Lagrange, enlevé à la fleur de son âge à l'amour de a famille.

En sortant du bosquet du dragon, un chemin s'offre à gauche. Derrière une haie qui borde cette allée, un monument très-simple en marbre blanc, formant une borne antique, est couvert d'une inscription presque effacée. C'est avec beaucoup de peine que nous avons lu les mots suivans :

Ici REPOSE *le corps*
De Charles LOYSON,
Né à Château-Gontier (Mayenne)
Le 13 mars 1791,
Mort à Paris le 27 juin 1820.

Sa famille
Et ses amis lui ont fait élever
Ce monument :

Præcisa est velut à texente vita mea,
Dùm adhuc ordirer (Ezéchias).

« Ma vie, à peine commencée, a été coupée comme par les ciseaux d'un tisserand. »

Né avec un talent distingué pour la poésie, Loyson fut un moment l'une des espérances de la littérature contemporaine. L'Académie française retentit une fois de la gloire de son nom. Mais le souffle de l'esprit de parti flétrit bientôt cette jeune plante, qui ne demandait pour croître que de la solitude et un ciel serein. Loyson se jeta dans la polémique ; son talent y perdit, ses amis en gémirent. Peut-être cependant eût-il enfin senti que la place d'un poëte n'était point dans les bureaux ; mais à peine âgé de vingt-huit à trente ans, Loyson portait avec lui un germe de mort. Sa santé délabrée s'affaiblissait de plus en plus, et son génie naissant luttait en vain contre la force du mal. Il semble qu'il eût prévu son sort. Tous ses vers étaient, pour ainsi dire, empreints du sentiment de sa mort prochaine. Une mélancolie sombre attristait les sons de sa lyre. Sa muse, hélas! était prophétique ; en vain essaya-t-il le pouvoir du pays natal ; l'influence de cet air qu'il avait respiré en naissant ne put lui rendre la santé. Il mourut bientôt ayant peu fait pour la gloire, ayant même suscité des ennemis à sa jeunesse. Dans une de ses dernières pièces qu'il intitula le *Lit de Mort*, ce jeune cygne adressa ses adieux à ses amis, à sa muse, à toute la nature. Voici un fragment de ce morceau :

Cessez de me flatter d'une espérance vaine ;
Cessez, ô mes amis, de me cacher vos pleurs ;
La sentence est portée ; oui, ma mort est certaine,
Et je ne vivrai plus bientôt que dans vos cœurs.

Pour la dernière fois j'ai vu briller l'aurore ;
Pour la dernière fois ce beau soleil m'a lui.
Votre ami, succombant au mal qui le dévore,
Sur le déclin du jour va s'éteindre avec lui.

Mais demain, quand, paré d'une splendeur nouvelle,
Le soleil triomphant rentrera dans les cieux,
Votre ami dormira dans la nuit éternelle,
Et l'éclat du matin n'ouvrira plus ses yeux.

Déjà tout s'obscurcit, tout s'efface à ma vue ;
Tout m'échappe, entraîné par d'invisibles mains ;
Et seule, s'offre à moi cette route inconnue
Dont le terme se cache aux regards des humains.

Eh bien! ces noirs sentiers, ces régions obscures,
Cette nuit du trépas, n'étonnent point mon cœur.
Vers le Dieu qui m'attend je lève mes mains pures;
Ennemi du méchant, il est mon protecteur.

Couvrez mon lit de fleurs; couronnez-en ma tête;
Placez, placez ma lyre en mes tremblantes mains;
Je saluerai la mort par un hymne de fête;
Vous, de mes derniers chants répétez les refrains.

Mais quel trouble s'élève en mon âme affaiblie?
Pourquoi tombent soudain ces transports généreux?
Mes regards, malgré moi, se tournent vers la vie,
Et ma lyre ne rend que des sons douloureux.

Malheureux que je suis; je n'ai rien fait encore
Qui puisse du trépas sauver mon souvenir!
J'emporte dans la tombe un nom que l'on ignore;
Et tout entier la mort m'enlève à l'avenir!

Malfilâtre! Gilbert! trop heureuses victimes,
Vous mourûtes frappés dans la fleur de vos ans;
Mais, ravis au tombeau par quelques vers sublimes,
Votre gloire survit et triomphe du temps!....

O mes amis! à tout j'ai préféré la gloire!
La gloire! cet espoir fit mes jours les plus beaux.
Qu'importe que notre ombre ait franchi l'onde noire,
Quand l'immortalité consacre nos tombeaux?....

Eh bien! écoutez donc mes paroles dernières,
Approchez: sur ce lit, témoin de mes tourmens,
Jurez à votre ami d'accomplir ses prières!
Mais non, je vous connais; retenez vos sermens.

Au moment où la mort va frapper ma jeunesse,
Par ce coup imprévu des parens adorés

Perdront l'unique appui qu'attendait leur vieillesse;
Je vous lègue le soin de ces gages sacrés....

Qu'ai-je fait, en quittant leur modeste chaumière?
J'ai dérobé ma cendre à leurs justes douleurs;
Je suis venu chercher une tombe étrangère,
Qu'ils ne pourront, hélas! arroser de leurs pleurs.

Ah! je m'en séparai dans une autre espérance.
Je voulais, quelque jour, près de leurs cheveux blancs,
Leur rendant tous les soins qu'en reçut mon enfance,
D'amour et de bonheur entourer leurs vieux ans.

Pourquoi vous retracer à ma triste mémoire,
Doux rêves dont mon cœur en vain fut occupé?
Et mes rêves d'amour, et mes rêves de gloire,
Tout fuit : toi seule, ô Mort, ne m'auras pas trompé!

L. Non loin du tombeau de Loyson, en s'avançant vers le nord, on trouve une tombe carrée, très-simple, entourée d'une petite grille, et couverte d'une pierre sur laquelle on lit :

Dans toute ma vie
Je n'ai fait tort à personne.

Sur la tombe est cette épitaphe :

ICI REPOSE

Etienne-Antoine Marie CHAMPION,

Comte de NANSOUTY,

Né en Bourgogne le 30 mai 1768,

Lieutenant-général des armées du roi;

Inspecteur-général des dragons,

Capitaine-lieutenant
De la première compagnie
Des mousquetaires de la garde du roi,
Grand-cordon de la Légion-d'Honneur,
Chevalier des ordres militaires
Et royaux de Saint-Louis
Et de Notre-Dame de Mont-Carmel,
Grand'croix de l'ordre royal
De l'aigle d'or de Wurtemberg,
Décédé à Paris le 12 février 1815.

Derrière ce tombeau modeste, consacré à la mémoire d'un des plus célèbres militaires français, est gravée cette courte inscription :

Passant, priez pour lui,
Pleurez sur son fils et sur moi.

Erigé à sa mémoire
Par ses neveux et ses nièces.

LI. A droite, en entrant dans le vallon qui s'étend du nord au sud-ouest, et forme de ce côté le pied de la colline, on remarque un petit bosquet ou jardin fort bien entretenu, planté de rosiers, de fleurs, d'arbres verts, entourant et couvrant de leur ombre une simple pierre couchée. Derrière ce bosquet et au midi est un petit banc ; vis-à-vis, un jeune saule pleureur étend ses branches mélancoliques vers la terre. Sur cette tombe modeste on lit :

CI GIT

Georges-Etienne LEROUX,

Dubois Dt et St

Né le 4 décembre 1755;
Mort le 1er avril 1815.

Vertueux, bienfaisant, tendre époux et bon père,
Il fit de ses amis autant d'admirateurs :
La mort l'enferme en vain sous cette froide pierre;
Son souvenir vivra constamment dans nos cœurs.

LII. En suivant une allée qui règne à droite du Bosquet du dragon, on arrive à une grille carrée qui renferme dans son enceinte un terrain assez considérable. Ce terrain bien cultivé, orné de rosiers et de huit arbres verts, n'offre aucun monument. Seulement une pierre d'une médiocre dimension paraît sceller un assez vaste caveau : point d'inscription qui indique la personne ou la famille à laquelle ce caveau est destiné. Quelque chose cependant semble avertir qu'un personnage illustre repose sous cette pierre sans nom.

Ce tombeau est celui du maréchal NEY, de ce guerrier fameux qui avait mérité le surnom de *brave des braves*, et dont la mort tragique est le triste fruit de nos dernières révolutions. Cet infortuné général existerait peut-être encore s'il avait su que, dans les temps de troubles, il faut échapper par la fuite à la première irritation des partis. Il s'était trompé. Mis en jugement le 9 novembre 1815, le maréchal Ney fut condamné à mort le 6 décembre, et rendit le dernier soupir en s'écriant : *Vive la patrie! vive la nation française!*

Les restes du maréchal Ney n'ont pas toujours occupé le lieu où ils reposent aujourd'hui. Ils furent d'abord placés au sommet nord-ouest du plateau qui s'élève derrière la chapelle. Un monument simple en pierre de liais lui fut élevé. Nous avons conservé le dessin de ce monument.

LIII. Tout près du maréchal Ney, sur le bord du chemin à droite, on voit dans la même enceinte deux colonnes en marbre noir, surmontées de deux urnes, mais d'inégale grandeur. Sur la plus grande on lit cette inscription :

Jean-Pierre-Louis

De FONTANES,

Né

Le 6 mars 1757,

Mort

Le 27 mars 1821,

R. I. P.

Il faut savoir gré à la famille de M. de Fontanes de la simplicité de cette épitaphe. L'omission des titres nombreux et de tout genre, qui décoraient ce personnage célèbre, a été inspiré par une idée juste. Si le nom de Fontanes arrive à la postérité, ce ne seront ni ses titres ni ses dignités qui l'auront sauvé de l'oubli. Son nom suffira pour perpétuer le souvenir de son beau talent.

La seconde colonne porte le nom d'une personne moins connue, mais cependant chère aux souvenirs de l'amitié, et dont la mort tragique a excité au plus haut degré l'intérêt de tous les cœurs sensibles:

ICI REPOSE

Louis-Charles-Joseph

De SAINT-MARCELLIN,

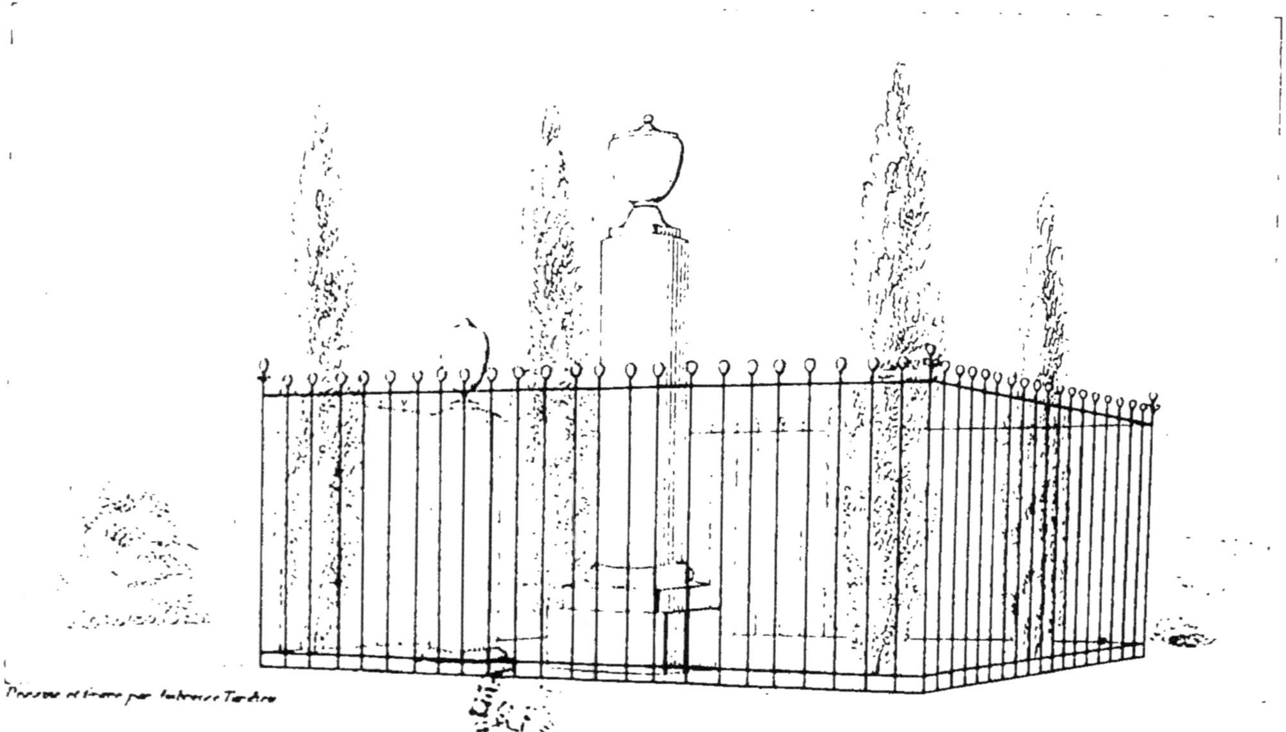

Dessiné et Gravé par Ambroise Tardieu

Lt. Cel. Jn. DE St. MARCELLIN ✝ J. Ph. L. DE FONTANES

Dessiné et Gravé par Ambroise Tardieu

Ctesse DEMIDOFF.

Chef d'escadron
Du corps royal
De l'état-major,
Chevalier
De la Légion-d'Honneur,
Né le 13 mai 1791,
Décédé le 3 février 1819,

R. I. P.

LIV. Enlevé du magnifique jardin qui décora longtemps le boulevard Saint-Antoine, le corps de Beaumarchais a été transféré au Père La Chaise. On l'a placé dans un caveau près de Ney et de Fontanes; mais jusqu'ici aucun monument n'a été élevé à l'auteur du *Barbier de Séville*. L'œil ne découvre encore que la pierre qui scelle son tombeau.

LV. Quel est, en remontant le coteau, ce temple élégant qui présente de loin ses dix colonnes de marbre blanc? Entre ces colonnes, sous un toit également de marbre, on voit sur un sarcophage les attributs de la puissance, une couronne, des écussons, etc.; mais aucune inscription ne nous apprend encore le nom de la royale personne qui a préféré l'air pur du ciel, la verdure et l'ombrage des champs à l'humide vapeur du sombre et lugubre caveau d'une église.

Ce magnifique monument est celui de madame la comtesse Demidoff, attachée par des liens de parenté à l'une des plus illustres familles royales de l'univers, à celle de S. M. l'empereur de Russie.

LVI. Il semble que les plus beaux monumens du cimetière aient été réunis à dessein sur ce plateau le plus élevé et le plus pittoresque du *Mont-Louis*. Mais il n'est pas seulement orné de superbes tombeaux, aucune partie du jardin n'est peuplée de plus grands souvenirs. Une auréole de gloire l'environne; on dirait que les braves se sont donnés en ce lieu un noble et dernier rendez-vous.

Le plus remarquable entre tant de monumens, c'est celui du maréchal Masséna. Il est formé d'une vaste pyramide en marbre blanc, entourée d'une grille de fer. Le portrait du général habilement sculpté par Bosio décore cette pyramide, qui porte cette épitaphe :

MASSÉNA,

Mort le 4 avril 1817.

Au-dessus de cette inscription on lit,

Rivoli,
Zurich,
Gênes,
Essling.

Des trophées d'armes, des couronnes de lauriers, les insignes du commandement unis à des torches renversées, à de funèbres rameaux de cyprès, décorent ce magnifique obélisque en marbre de Carrare. Son élévation est de vingt-un pieds; il se compose de deux blocs de marbre sortis de l'atelier de M. Henraux aîné. Les dessins de ce monument sont dus à M. Vincent, architecte, et la sculpture est l'ouvrage de M. Jacques.

Masséna ne repose pas seul dans ce tombeau; près de

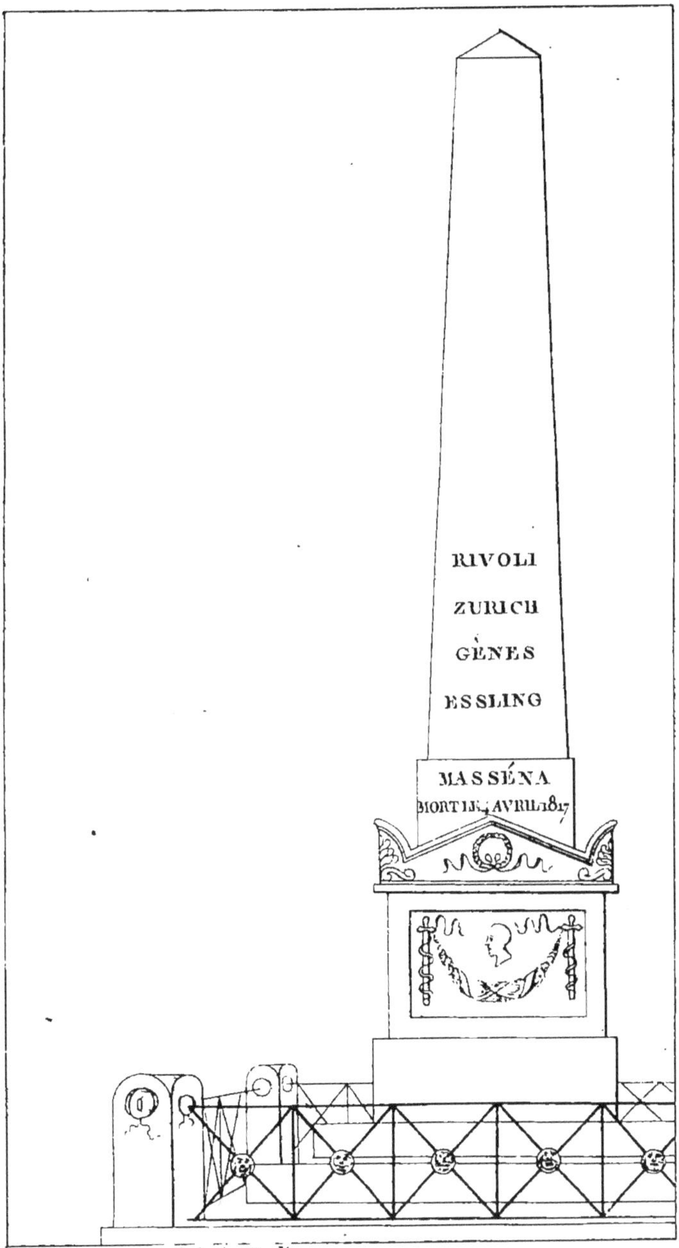

Dessiné et Gravé par Ambroise Tardieu.

lui on a placé les restes de son fils Jacques-Prosper Masséna, prince d'Essling, mort le 13 mai 1821, âgé de vingt-huit ans.

LVII. Tout près de Masséna repose le général du Muy. Son tombeau représente une borne antique en marbre noir. On y lit cette inscription :

CI GIT

Jean-Baptiste-Louis de FÉLIX DOLLIERES,

Comte du Muy, pair de France,
Lieutenant-général des armées du roi,
Grand officier de la Légion-d'Honneur,
Commandeur de l'ordre royal et militaire
De Saint-Louis,
Membre du grand conseil des Invalides,
Né le 25 décembre 1751,
Mort à Paris le 5 juin 1820.

LVIII. A quelque distance, sur la gauche, on découvre une pyramide de 9 à 10 pieds exécutée par M. Schwind, et portant en lettres d'or l'inscription suivante :

ICI REPOSE

Claude-Sylvestre COLLAUD,

Comte et pair de France,
Lieutenant-général, grand officier de la Légion-d'Honneur,
Mort le 3 décembre 1819.
C'était un brave et bon citoyen.

LIX. On venait de creuser la fosse du général Collaud non loin du monument du vainqueur de Zurich. Parmi les nombreux compagnons d'armes de ce brave, témoins de cette triste cérémonie, on distinguait un vieux guerrier couvert d'honorables cicatrices; il gravissait avec peine le sentier escarpé qui conduit au plateau d'où l'œil domine sur la plaine de Vincennes. C'était le maréchal Lefebvre, duc de Dantzick. S'indignant d'une faiblesse qu'il devait moins à ses longs travaux qu'au poids de l'âge, on l'entendait se dire à lui-même : « Quoi! Lefebvre, tu chancelles! où est le temps où jamais tu ne reculas en montant à l'assaut sous le feu de la mitraille? » Arrivé près de la fosse du général Colland, il jette les regards autour de lui, et voit la pyramide de Masséna. Il s'approche avec attendrissement; puis, faisant un retour sur lui-même, sentant que son heure n'est pas éloignée : « Mon ami, dit-il à son aide-de-camp attendri de cette scène : Souvenez-vous que, si je meurs à Paris, je veux être enterré là, près de Masséna. Nous vécûmes ensemble dans les camps, dans les combats; nos cendres doivent obtenir le même asile. »

Le vœu du maréchal Lefebvre devait s'accomplir trop tôt. Douze mois ne s'étaient pas encore écoulés lorsqu'un cercueil fut placé près de Masséna : c'était le duc de Dantzick qui venait reposer près de son ami. Son dernier désir du moins fut accompli. Il obtint la tombe qu'il avait choisie, et n'eut pas, comme tant de ses frères d'armes, la douleur de mourir sur le sol étranger.

Le monument du maréchal Lefebvre, élevé sur les dessins de M. Prévost, est d'une architecture élégante et noble. La base en pierre de liais supporte un vaste sarcophage en marbre blanc très-habilement sculpté. Les insignes de la victoire le décorent de tous côtés. Sur une face on lit :

LEFEBVRE.

Dessiné et Gravé par Ambroise Tardieu

DUC DECRÈS

Sur une autre :

Soldat,

Maréchal,

Duc de Dantzick,

Pair de France.

Au-dessous de cette inscription on a gravé le nom des principaux faits d'armes du maréchal :

Fleurus, — avant-garde,

Passage du Rhin,

Altenkirken,

Montmirail.

Aux deux angles on lit :

Dantzick,

Altenkirken.

Enfin, sur la face qui regarde Vincennes l'artiste a sculpté le portrait du maréchal Lefebvre ; deux gloires posent sur sa tête une couronne de laurier.

LX. Divers tombeaux plus ou moins élégans avoisinent le maréchal Lefebvre. Le plus beau est celui du duc Decrès. Sa forme se rapproche de celle du mausolée du duc de Dantzick ; mais les sculptures représentent des victoires navales, rappelant ainsi les plus beaux faits d'armes du duc Decrès.

Près de Decrès on voit encore les monumens du comte Colloredo, du général Bourcke, du général Beurnonville, surnommé l'Ajax français ; du comte Compans et du maréchal Serrurier, noms chers à la gloire nationale, que jadis on trouva toujours ensemble, et que la mort n'a point séparés.

LXI. En continuant d'avancer vers le mur qui limite au nord le cimetière, on remarque une borne antique en marbre noir, surmontée d'une croix. On a gravé, sur la partie supérieure, des mains en diverses positions. Ce tombeau est celui d'un bienfaiteur de l'humanité. On y lit cette épitaphe :

ICI

Sont

Les restes mortels

De

L'*abbé SICARD.*

« Il fut donné par la Providence pour être le second créateur des infortunés sourds-muets. MASSIEU.

« Grâces à la divine bonté et au génie de cet excellent père, nous sommes devenus des hommes ! CLERC.

« Paroles de *Massieu* et de *Clerc*, ses élèves, à Londres, 1814. »

Né le 12 septembre 1742.
Décédé le 11 mai 1822.

Derrière le monument on lit :

Consacré par l'amitié et la reconnaissance.

LXII. Il semble qu'on ait voulu donner un touchant exemple de la fraternité qui doit régner entre tous les cultes. L'abbé Sicard n'est qu'à deux pas du bosquet des protestans. Sur le devant de ce bosquet s'offre le monument d'un ministre qui déploya, dans le cercle de ses devoirs, les mêmes vertus que l'abbé Sicard, le vénérable *Rabaut-Pomier.* Lisons son épitaphe ; ses auteurs n'ont rien laissé à faire au panégyriste.

Sur la face principale de ce monument qui forme une portion de pyramide, surmontée d'une corniche à orillons et d'une urne en pierre, on lit ces mots gravés sur une table de marbre noir :

Heureux ceux
Qui meurent au Seigneur !
Apoc., ch. XIV, v. XV.

Je sais en qui j'ai cru.
2e *épître de St. Paul à Timothée*,
Ch. IV, v. 1er.

Dernières paroles
De *Jacques-Antoine*
RABAUT-POMIER,
L'un des pasteurs de l'église réformée,
Consistoriale du département de la Seine,
Chevalier de la Légion-d'Honneur ;
Fils de *Paul Rabaut*,
Frère de de *Rabaut Saint-Etienne*
Et de *Rabaut Dupuy*,
Né à Nîmes le 24 octobre 1744,
Mort à Paris le 16 mars 1820,
Le dernier d'un nom cher à l'église.

Sa veuve et ses amis
Ont consacré ce monument
Au souvenir
De ses vertus évangéliques,
Héréditaires dans sa famille.

Sur l'autre face qui regarde Paris on lit :

Christ est ma vie, et la mort m'est un gain.
St. Paul aux Phil., ch. I, v. XXI.

Celui qui a
Ressuscité Jésus-Christ
D'entre les morts,
Rendra aussi la vie
A vos corps mortels
Par son esprit
Qui habite en eux.
St. Paul aux Romains, ch. VIII, v. XI

LXIII. Au-dessus du vertueux Rabaut-Pomier, sous l'ombrage des tilleuls, on voit une tombe très-bien exécutée, de forme carrée. Sur la façade principale est gravée cette épitaphe :

FRID MESTREZAT

Ecclesiæ Genev. alumnus,
Basil. pastor dilectus,
Paris. spes et decus,
Doctrinâ, *eloquio*, *morum amænitate*
Conspicuus,
Uxori, *liberis*, *ante diem ereptus*,
Die VIII Maii an. M. DCCCVII,
Ætatis XLVII
Fide jam resurgens

HIC JACET.

Sur la face opposée de ce monument est cette autre inscription :

Il se repose sur ses travaux,
Et ses œuvres le suivent.

Au sujet de cette tombe d'un ministre protestant, élevée au milieu des tombeaux catholiques, et dans l'ancienne propriété d'un des plus cruels persécuteurs du

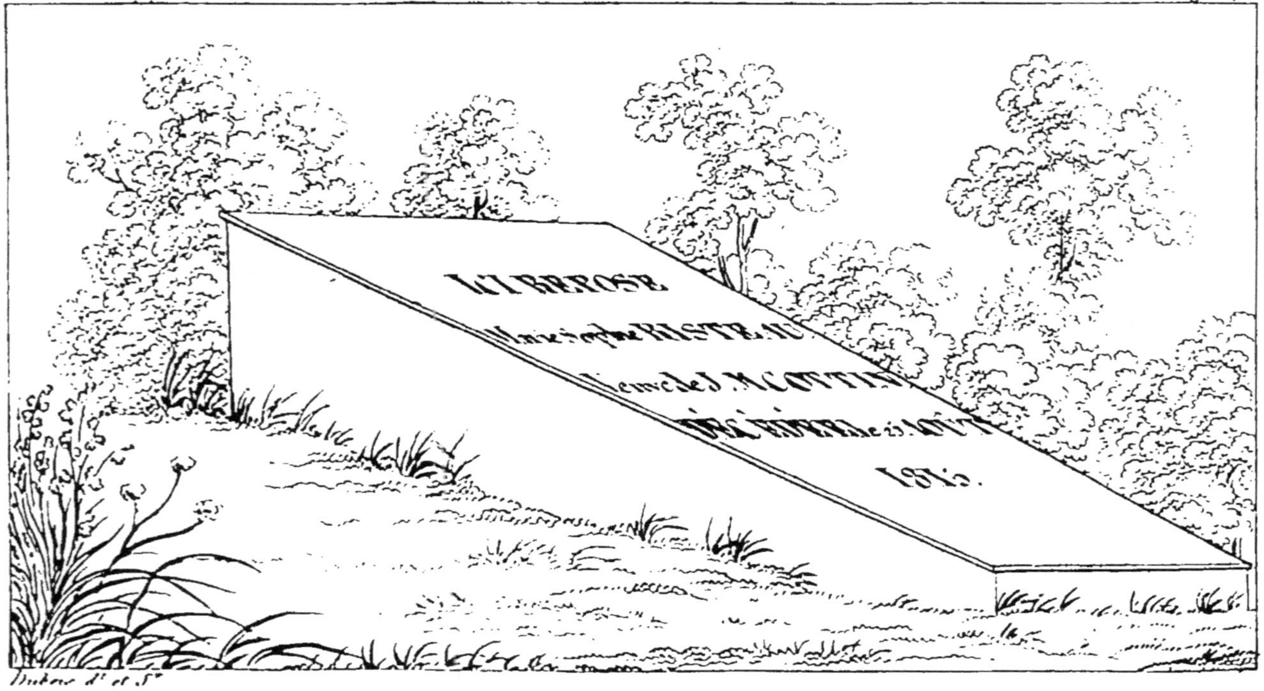

protestantisme, un écrivain s'écrie : « O pouvoir des temps et des révolutions qu'il traîne à sa suite ! un ministre de Calvin repose non loin de ce Charenton, où la religion réformée vit son temple démoli, et ses prédicateurs proscrits ! Il repose sous cette terre où un jésuite venait sans doute souvent méditer ses plans d'intolérance et de persécution. Oh ! si Claude et Julien pouvaient sortir de leurs tombes lointaines, et revenir sur les routes d'où ils pouvaient apercevoir les hauteurs menaçantes de Mont-Louis ! S'ils apprenaient que le tombeau d'un descendant des illustres Mestrezat de Genève domine au loin sur les alentours de Charenton, ne penseraient-ils pas d'abord que toute la France professe la doctrine qu'ils défendirent avec tant de courage ? Et, quand ils sauraient qu'un Bourbon, qu'un descendant du pénitent du père La Chaise, commence à rassembler les morts mêmes dans les sépulcres, en attendant qu'il puisse déterminer les vivans à se rassembler dans les mêmes temples, quel ne serait pas leur étonnement ? . . . . »

LXIV. A côté du monument consacré à la mémoire du ministre Mestrezat, un peu sur la gauche, l'ami des lettres, l'admirateur de la vertu peut et doit remarquer un tombeau extrêmement simple, composé d'une pierre modeste, légèrement inclinée, sur laquelle est écrit :

ICI REPOSE
Marie-Sophie RISTEAU,
Veuve de J.-M. COTTIN,
Décédée le 25 août
1815.

Cette pierre unique, érigée en l'honneur de l'aimable

auteur de ***Mathilde*** et de *Claire d'Albe*, de cette femme que ses grâces naturelles et la douceur angélique de son caractère avaient fait surnommer BELLE ET BONNE, est placée au milieu d'un petit bosquet garni de rosiers et entouré d'un simple treillage en bois.

LXV. A côté de madame Cottin, en avançant vers le milieu du bosquet, une borne en pierre, entourée de chaînes maintenues par six petites bornes en grès, couvre les restes d'un Anglais dont tous ceux qui le connaissaient ont admiré le savoir et les vertus. Voici son épitaphe composée par sa fidèle amie :

A LA MÉMOIRE

De *John Hurford STONE*,

Né en Angleterre en 1763,
Mort à Paris le 22 mai 1818,

Défenseur éclairé
De la religion
Et de la liberté,

Dernier tribut
D'une longue amitié.
H. M. V.

LXVI. Avançons encore vers le mur de clôture. Presqu'au pied de ce mur un monument frappe par sa nudité. Il se compose d'une pyramide égyptienne peu élevée, mais dont la base est large et massive. L'épitaphe est d'une grande simplicité : elle ne porte qu'un seul nom ; mais ce nom suffit. Quelles apologies vaudraient un si énergique laconisme ?

Dessiné et Gravé par Ambroise Tardieu

A. F. VOLNEY,

Pair de France.

LXVII. Les morts les plus célèbres n'ont pas dans le cimetière les plus beaux mausolées. Non loin de Volney qui n'a qu'une simple pyramide, un vaste monument se déploie aux regards. C'est jusqu'à ce jour le plus magnifique du cimetière. Il représente un temple circulaire auquel on arrive par huit marches, et sous un péristyle soutenu par quatre colonnes d'ordre toscan. Une espèce de dôme surmonté d'une lanterne, au-dessus de laquelle s'élève une immense pomme de pin en bronze, décore le faîte de l'édifice. Ce dôme est orné de sculptures et de peintures, représentant divers emblèmes funèbres. Aucune inscription ne se lit encore sur ce monument. Il appartient, dit-on, à la famille Boode.

LXVIII. A quelque distance de ce dernier tombeau, en redescendant vers la chapelle, un monument sans grâce, mais dont les dimensions sont très-vastes, est élevé à la mémoire d'un grand citoyen. Ce tombeau tout en pierre offre sur une vaste base quatre pilastres soutenant un toit orné d'une corniche. Sous ce toit, dans l'enfoncement, un buste en marbre s'élève sur un piédestal.

On ne lit que cette simple inscription :

A LA MÉMOIRE

De *CAMILLE JORDAN.*

Derrière le mausolée quelques mots ont été écrits au crayon. Nous avons distingué les deux lignes suivantes :

Au plus vertueux citoyen,
Au défenseur de nos droits.

Personne ne contestera la légitimité d'un pareil éloge adressé sans faste à la mémoire d'un orateur illustre dont les talens n'ont jamais été consacrés à d'autres divinités que la liberté, la religion et la patrie.

LXIX. Remontons de quelques pas à gauche; une borne en marbre couvre les restes d'un citoyen qui, dans un cercle moins brillant, sut se rendre utile à son pays.

Cette inscription est gravée à la fois sur les deux faces :

C. L. CADET
DE GASSICOURT.
Né le 23 janvier 1769,
Décédé le 29 novembre
1821.

LXX. A deux pas de Cadet de Gassicourt s'offre un tombeau fort élégant. Ce monument, construit en pierre et supporté par quatre colonnes légères, est encore érigé à la mémoire d'un de ces hommes qui ont consacré leur vie entière au bien de leur patrie. On lit cette épitaphe gravée sur la façade du sud-ouest :

ICI REPOSE
Antoine-Augustin PARMENTIER,
Pharmacien,
Membre de l'Institut de France,
Du conseil général
Des hospices civils de Paris,
L'un des inspecteurs-généraux
Du service de santé des armées.
Officier de la Légion-d'honneur,

Dubois D.r et S.r

Tombeau de M.r *Antoine Augustin*, PARMENTIER.

Né à Montdidier en 1737,
Mort à Paris en 1813.

Sur la façade du nord-est :

MONUMENT
Elevé à la mémoire
D'Antoine-Augustin
PARMENTIER,
Par les pharmaciens
Civils et militaires
De France,
Ses élèves, ses amis,
Ses collègues.

Divers attributs gravés sur la pierre accompagnent ces deux inscriptions. Sur la première façade on voit une charrue, des épis de blé et de maïs ; sur l'autre, un fourneau surmonté d'un alambic et de son récipient. A droite de celui-ci est un panier plein de pommes de terre. Ce végétal commun, mais précieux, dont Parmentier a, pour ainsi dire, introduit la culture en France, et qui maintenant est d'une utilité si générale, est convenablement placé sur sa tombe. L'introduction de la pomme de terre est l'un des plus grands services rendus à l'humanité par cet homme bienfaisant.

LXXI. A quelque distance du tombeau de Parmentier, en suivant le même chemin encore sur la gauche, est un des beaux et des plus grands tombeaux érigés dans le cimetière du père La Chaise ; monument de l'amour conjugal, il est élevé sur un large cippe de deux pieds de haut, en marbre noir-grisâtre. Le corps de la tombe est en marbre blanc, accompagné de bas-reliefs en bronze. Le tout est entouré d'une grille élégante, et aux quatre coins sont des pins déjà grands, car ce monument est un des premiers placés dans ce cimetière. Sur la façade de l'ouest est cette inscription gravée sur le marbre en lettres d'or :

Monument érigé
A
Dame *Adélaïde-Jacques LEBOUCHER*,
Décédée le XXIX juin
An M. DCCCV de l'ère chrétienne,
XXXI de son âge,
XIII de la république française,
I du règne de Napoléon Bonaparte,
Empereur des Français,
Roi d'Italie,
Par Michel-Pierre GUYOT, son époux.

Au-dessus de cette inscription est en bronze la figure de la personne décédée.

Au côté du midi on lit cette sentence ;

Tout sur la terre se décompose et change de forme ;
La fixité est dans le ciel.

Au-dessus de cette inscription sont trois bas-reliefs sur une même plaque de bronze. Celui de gauche représente un soleil éclairant de ses rayons un jeune rosier. Au bas est écrit aussi sur le bronze :

Il éclaira mes premiers jours.

Celui du milieu représente une colombe, les ailes dé-

Dubois D.t et S.t

Tombeau de Madame GUYOT..

ployées, et tenant dans ses pattes une branche de myrte et une rose. Au bas :

Un chaste amour est mon bonheur.

Enfin celui de droite a pour sujet une ruche, autour de laquelle voltigent des abeilles, qui est environnée de rosiers en fleur. La devise est :

Loin de moi les plaisirs frivoles.

Sur la façade de l'est est en bronze un pélican qui s'ouvre le ventre avec son bec pour nourrir de son sang ses petits qui l'entourent. Autour est écrit :

Je meurs pour mes enfans.

Au bas sur le marbre est gravée en lettres d'or cette inscription en vers médiocres :

Sous ce marbre repose une épouse chérie,
Chez qui la beauté fut à la sagesse unie :
Elle vécut trop peu ; le sort, le cruel sort,
Sans pitié la poussa sous la faux de la mort,
Hélas ! dix jours après qu'elle eut donné la vie
A sa fille, du nom de FRANÇOISE-EUGÉNIE.
Oh ! combien ses enfans lui valurent de fleurs !
Sur sa tombe, passant, versez, versez des pleurs.

Sur la façade du nord sont également trois bas-reliefs sur une plaque de bronze. Celui de gauche représente un jeune rosier, dont une faux vient d'abattre la principale fleur. Au bas est écrit :

Du moins épargne mes enfans.

Une chouette ou hibou occupe le bas-relief du milieu ; et cette inscription se lit au-dessus :

La sagesse eut pour moi des charmes.

Le bas-relief de droite représente le triangle céleste, symbole de la divinité ; les rayons qui partent de ce triangle se dirigent sur un tombeau dont le frontispice porte : D. O. M., et un papillon aux ailes légères, monte lentement sur l'un de ses rayons. Au bas de ce dernier sujet, exécuté avec beaucoup de grâce, est écrit :

Au ciel les regrets m'accompagnent.

Enfin sur le marbre de cette façade, aussi en lettres d'or, se lit cette dernière inscription :

L'ange de la mort veille sur cette enceinte ;
Mortel, respecte le dernier asile de ton semblable.

LXXII. Non loin de la dame Guyot on remarque une tombe carrée en pierre. Un marbre noir, qui ferme la façade de l'ouest, présente cette inscription digne d'être conservée.

J. KOMARSWECKI,

Général de l'armée de la république
Et du roi de Pologne,
Décédé à Paris le 1er février 1810.

Le roi lui accorda une confiance sans bornes ;
La Diète lui décerna une récompense publique ;
Les grands le persécutèrent.

LXXIII. En descendant du côté du sud-ouest, on voit une tombe en pierre élevée sur une base de quatre marches. Ce monument est orné de quatre têtes sépulcrales en bronze, formant les quatre coins. Une ligne d'étoiles de bronze couronne les quatre faces du tombeau. Sur celle de l'ouest est l'épitaphe suivante :

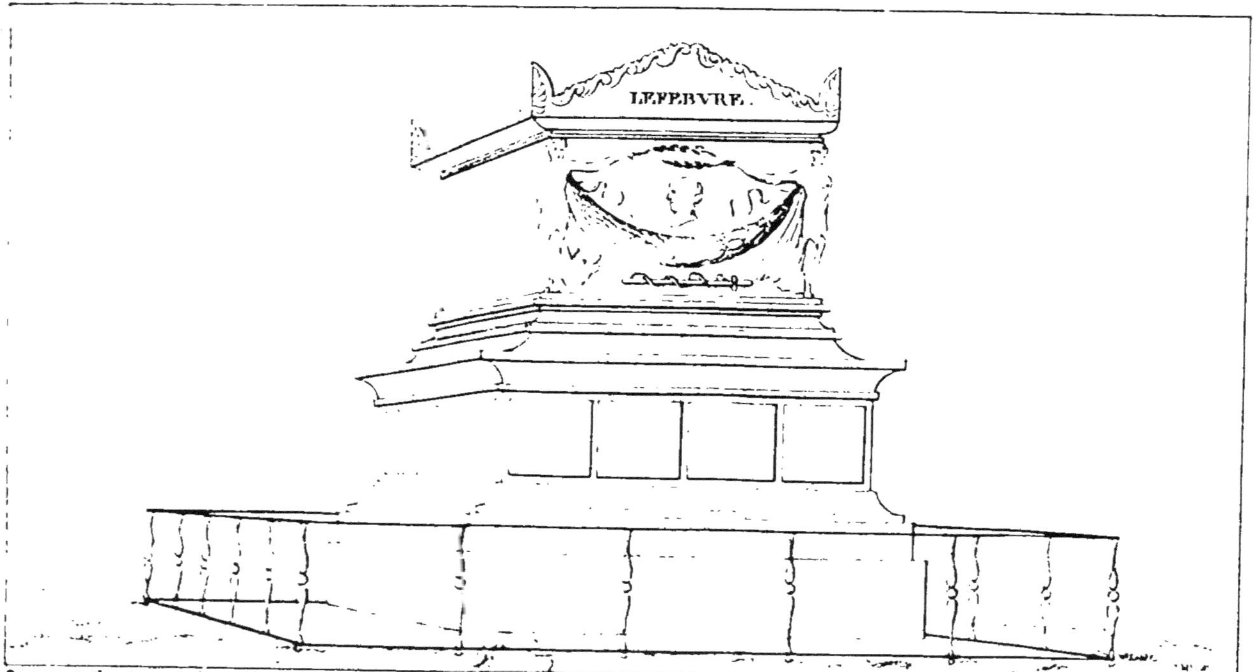

Dessiné et Gravé par Ambroise Tardieu.

CI GIT

Jean-Louis LEFEBVRE,

Né le 20 juillet 1773 à Epernay,
Département de la Marne,
Décédé le 7 décembre 1812.

Artiste ingénieux, excellent citoyen,
Esprit, vertus, talens, il eut tout en partage :
Son plaisir le plus doux fut de faire du bien ;
Et, pour y parvenir, il mit tout en usage.

Sur la façade du midi :

D'un époux adoré compagne infortunée,
Aux regrets les plus vifs sans cesse abandonnée,
De l'affreux désespoir redoute le poison,
Aux décrets éternels fais céder la raison.

Sur celle du nord :

Fidèles compagnons de ses nobles travaux,
Il vous rendit heureux, il partagea vos maux :
Payez à ses bontés le tribut de vos larmes ;
Pour les cœurs affligés la douleur a des charmes.

Sur celle de l'est :

Tu pleures un généreux frère,
Toi qui lui survis aujourd'hui ;
De ses enfans tu vas être le père :
Ta jeunesse trouva jadis un père en lui.

Au ciel qui l'a ravi ses filles désolées
Redemandent l'objet de leur affliction,
Et, de leur cœur soumis la résignation
Verse, sur la douleur qui les tient accablées,
Le baume consolant de la religion.

LXXIV. A l'extrémité orientale du cimetière, sur

bord du chemin qui va du midi au nord, un vaste tombeau en forme de chapelle se présente à la vue. Bâti entièrement en pierre solide, ce monument est dans le genre gothique, et présente quelque analogie avec le tombeau d'Héloïse et d'Abélard. Une belle porte, doublée en bronze ou fer bronzé, forme ce caveau sépulcral. Aucune inscription n'indique à qui ce monument appartient; mais on sait que la famille Greiffulhe l'a fait bâtir pour lui servir de sépulture. Ce monument est l'un des plus grands du cimetière du père La Chaise.

LXXV. En quittant le monument de la famille Greiffulhe, et en descendant vers le midi dans la direction de la chapelle, deux tombeaux frappent nos yeux, et ce n'est pas sans étonnement que nous lisons l'inscription qui les couvre. Par quel crime les illustres morts qu'ils renferment ont-ils mérité d'être exilés dans la foule loin du bosquet littéraire de Delille, loin de l'Elysée où brillent tant de gloires contemporaines ?

Le premier de ces deux monumens forme un sarcophage sans élégance en pierre de liais. Au-dessus de ce sarcophage on voit un renard en bronze. Une foule d'inscriptions au crayon le couvrent. Plusieurs couronnes fanées ont été déposées sur le tombeau, et le jardin qui l'entoure est peu soigné. Un nom est gravé en relief sur deux faces opposées.

LA FONTAINE.

Sur une autre face on lit l'inscription suivante :

HIC JACET

Joan. LA FONTAINE Castrotheodoricus

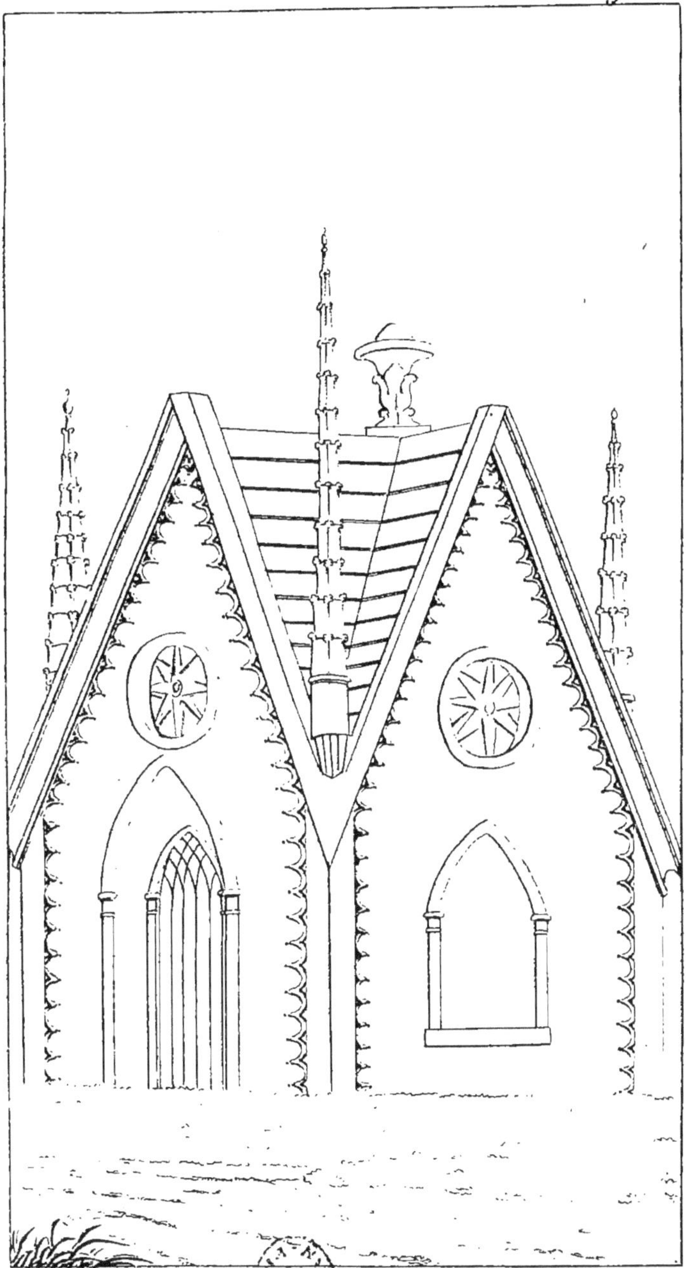

Dubois D. et S.

Chapelle Sépulchrale
de la Famille GREIFFUHLT.

In Æsopiis fabellis condendis recentiorum unicus,
Babriæ et Phœdri Victor potiùs quàm Æmulus, vixit
an. 74 *obiit* A. S. 1695, Guill. Chabrol de Volvic, *comes,*
Præfectus urbis, poetæ corpus aliundè translatum
Monumento inferri curavit A. S. 1817.

ICI REPOSE

JEAN LA FONTAINE, né à Château-Thierry,

Poëte unique parmi les modernes dans l'art de composer des fables dans le genre d'Esope, vainqueur plutôt que rival de Babrias et de Phèdre. Il vécut 74 ans, et mourut l'an de grâce 1695. Le comte Guill. Chabrol de Volvic, préfet de la ville, a donné ses soins à la translation du corps de ce poëte, et l'a fait déposer dans ce monument,

L'an de grâce 1817.

C'est donc ici que repose l'écrivain de la nature, le bonhomme, le fablier, suivant l'expression de madame de La Sablière. Le voilà perdu dans une foule inconnue, accablé sous un lourd monument; s'il pouvait se réveiller encore, que dirait-il en jetant les yeux autour de lui? Je me figure sa surprise à l'aspect de tant de morts sans nom, et de ce même jardin où il vit de loin errer le père La Chaise; ce jardin, autrefois l'asile et le foyer des intrigues, aujourd'hui le séjour de la mort. Il se demanderait compte de cette étrange révolution; il croirait être encore le jouet d'un songe.

On lit avec regret la sèche et longue épitaphe que l'Académie en corps a composée pour La Fontaine. Quelques vers français auraient heureusement remplacé ce latin sans élégance, et péniblement lapidaire. N'a-t-on pu trouver dans La Fontaine tout entier quelque passage qui pût convenir à son tombeau ? Je ne sais si l'épitaphe qu'il a faite pour lui-même paraîtrait d'un style assez grave. Mais, à défaut même d'une inscription faite d'avance, les poëtes de l'Académie ne pouvaient-ils composer un simple quatrain ?

LXXVI. A deux pas de La Fontaine on a placé un de ses contemporains non moins admirable dans son genre, et dont les ouvrages dureront autant que la langue française. Son monument extrêmement massif est soutenu par quatre pilastres et surmonté d'une coupe antique. On y lit :

MOLIÈRE.

Sur une des faces on trouve cette inscription latine :

Ossa J. B. POQUELIN MOLIÈRE, Parisini, comœdiæ Principis, huc translata et condita. A. S. 1817, *Curante urbis præfecto comite* Guil. Chabrol De Volvic. *Obiit anno S.* 1673, *ætatis* 57.

« Les os de J. B. Poquelin Molière, né à Paris, prince de la comédie, ont été transportés et déposés ici l'an de grâce 1817, par les soins du comte Guill. Chabrol de Volvic, préfet de la ville. Il mourut, l'an de grâce 1673, à l'âge de 57 ans. »

Nous le demandons encore : Pourquoi Molière et La Fontaine sont-ils éloignés du bosquet littéraire ? Pourquoi ne les a-t-on pas associés à leurs successeurs, et a-t-on laissé au milieu de la foule commune les écrivains illustres qui, s'ils eussent pu prendre une voix, eussent demandé à reposer près de Delille, de Parny et de Chénier ? N'était-ce pas assez de ne leur accorder que des monumens dont la simplicité toute nue n'a pas même le

Dessiné et Gravé par Ambroise Tardieu.

Fle Mr Ct D'ABOVILLE.

mérite de la grâce? Fallait-il les séparer des hommes qui de notre temps ont suivi le plus habilement leurs traces? On ne reconnaît pas ici le goût et les convenances françaises.

LXXVII. A gauche de ces deux tombeaux un monument s'élève comme un temple antique. L'entrée en est fermée par deux portes d'airain, et deux canons de bronze soutiennent le fronton tenant, pour ainsi dire, lieu de cariatides. C'est le tombeau du comte d'Aboville.

On lit sur l'un des canons le nom des batailles auxquelles ce général a pris part; l'autre porte le nom des siéges dont il a été témoin où directeur!

Honneur à ce brave qui fut dans l'Amérique septentrionale le compagnon de Lafayette et de Rochambeau.

LXXVIII. Sur le plateau de l'est, près de la chapelle de la famille Greiffulhe, sur le bord de l'allée qui va du midi au nord, on découvre à droite une petite enceinte fermée d'un faible treillage en bois, et plantée de rosiers de thuyas. Dans cette enceinte entièrement dépourvue de monument repose une jeune fille. Sa mère, qui n'a pu sans doute lui ériger un tombeau, a déposé l'expression de ses regrets dans un distique touchant. Ces deux vers sont écrits à la main sur une petite planche de sapin, et toucheront tous les cœurs que ne séduisent ni le faste, ni la magnificence. Les voici :

De ces tristes rameaux l'ombrage solitaire
Cache aux yeux des mortels le trésor d'une mère.

Au bas, sur une planche encore plus petite et couronnée d'un bouquet d'immortelles, on lit le nom de ce trésor maternel :

LOUISE-ANGELINE.

LXXIX. Remontons à gauche vers la limite septentrionale, tout-à-fait au sommet du coteau, un monument assez semblable à celui de madame Demidoff, mais plus petit, se présente à nos yeux. C'est un palais circulaire soutenu par huit colonnes de marbre blanc; le dôme également en marbre blanc est surmonté d'une croix; au milieu du palais un piédestal à orillons supporte une urne cinéraire en marbre noir.

ICI REPOSE
Mariano-Louis de URQUIJO,
Ancien ministre
Et premier secrétaire d'état
D'Espagne,
Décédé à Paris le 3 mai 1817,
Agé de quarante-neuf ans;
Vrai philolophe chrétien,
Modeste dans la prospérité,
Politique éclairé,
Savant protecteur des sciences et des arts;
Bon fils,
Fidèle à l'amitié,
Compatissant pour les malheureux.
Ses amis,
Sa famille désolée,
L'humanité entière,
Particulièrement l'Espagne,
Sa bien aimée patrie,
Le regretteront toujours.
Terre, sois-lui légère.

LXXX. Auprès du ministre Urquijo, sur le bord du

chemin à droite, une pierre noircie couvre un vieux poëte portugais, qui fut un nouvel et triste exemple du génie assiégé par la misère. Après avoir traîné une vie infortunée, il a laissé ses os sur une terre étrangère, et ses compatriotes, qui ne possèdent point sa cendre, en admirant sans cesse l'écrivain, ont laissé l'homme dans l'abandon. Une épitaphe à demi effacée conserve le nom de celui qui honora son ingrate patrie.

HIC JACET
Franciscus-Emmanuel NASCIMENTO
Olisiponensis presbyter,
Litterarum et poeseos ad extremum
Usque diem cultor indefessus,
Et vernaculi sermonis diligens
Assertor. Natus est Olisipone
XXIII dec. 1774, obiit Parisiis XXVII
Feb. 1819. Marchio de Marialva
Regis fidelissimi ad christianissimum
Regem legatus, defuncti funus
Duxit obsequiosè, et hanc lapidem
In honorem civis sui benè merentis
Erigi curavit. — Anno 1820.
R. I. P.

C'est à ce poëte célèbre, que ses compatriotes ont placé auprès du Camoens, et qui a traduit heureusement les Fables de La Fontaine, que l'un de nos poëtes contemporains, M. de Lamartine, adressait les vers suivans que l'on aimera à trouver ici.

A UN POETE EXILÉ:

Ton sort, ô Manoel, suivit la loi commune.

La muse t'enivra de précoces faveurs ;
Tes jours furent tissus de gloire et d'infortune,
Et tu verses des pleurs !

Rougis plutôt, rougis d'envier au vulgaire
Le stérile bonheur dont son cœur est jaloux :
Les dieux ont fait pour lui tous les biens de la terre,
Mais la lyre est à nous !

Les siecles sont à toi ; le monde est ta patrie.
Quand nous ne sommes plus, notre ombre a des autels
Où le juste avenir prépare à ton génie
Des honneurs immortels !

Ainsi l'aigle superbe, au séjour du tonnerre,
S'élance ; et, soutenant son vol audacieux,
Semble dire aux mortels : Je suis né sur la terre,
Mais je vis dans les cieux.

Oui, la gloire t'attend ; mais arrête, et contemple
A quel prix on pénètre en ces parvis sacrés ;
Vois, l'infortune assise à la porte du temple
En garde les degrés.

Ici, c'est le vieillard que l'ingrate Ionie
A vu de mers en mers promener ses malheurs ;
Aveugle, il mendiait, au prix de son génie,
Un pain mouillé de pleurs.

Là, le Tasse brûlé d'une flamme fatale,
Expiant dans les fers sa gloire et son amour,
Quand il va recueillir la palme triomphale,
Descend au noir séjour...

Impose donc silence aux plaintes de ta lyre,
Des cœurs nés sans vertus l'infortune est l'écueil ;
Mais toi, roi détrôné, que ton malheur t'inspire
Un généreux orgueil !

Que t'importe après tout que cet ordre barbare
T'enchaîne loin des bords qui furent ton berceau ?

Que t'importe en quels lieux le destin te prépare
Un glorieux tombeau ?
Ni l'exil, ni les fers de ces tyrans du Tage
N'enchaîneront ta gloire aux bords où tu mourras ;
Lisbonne la réclame, et voilà l'héritage
Que tu lui laisseras !...

Au rivage des morts avant que de descendre,
Ovide lève au ciel ses suppliantes mains :
Aux Sarmates grossiers il a légué sa cendre,
Et sa gloire aux Romains.

Méditations poétiques.

LXXXI. En descendant, et en suivant le chemin vers le nord, on rencontre un petit bosquet sans tombe. Du milieu de cette enceinte s'élève une grosse croix en bois peint en noir, sur laquelle on lit :

ICI REPOSE
Claude dit *PIERRE*,
Inventeur de l'ingénieux spectacle
Mécanique et pittoresque,
Décédé le 26 septembre 1814, âgé de soixante-quinze ans.
L'amitié reconnaissante
De ses élèves
Lui fait ériger ce faible monument.
De profundis.

LXXXII. A l'extrémité supérieure du cimetière, presqu'en face de la chapelle et près le mur de l'est, se trouve un tombeau en pierre, entouré d'un jardin fermé d'une grille en bois, planté d'arbres verts, et accompagné d'un petit banc. La façade principale du tombeau est en marbre noir, sur lequel on a gravé en lettres d'or :

A LA MÉMOIRE

De madame *Julie-Catherine* GUÉRITAUT,

Veuve de M. MICHEL, docteur en médecine,

Née à Rouen le 29 avril 1749,

Morte à Paris le 15 septembre 1815.

Ci gît la plus tendre des mères,
Celle qui m'adopta dans les *nuits* du malheur :
Je dus à ses vertus mes jours les plus prospères,
Je lui dois, à sa mort, ce tribut de douleur.

Au bas de cette épitaphe sont sculptées aussi en or deux branches de cyprès.

LXXXIII. A peu de distance nous avons encore remarqué le tombeau suivant, entre plusieurs tombeaux vulgaires. Sur une simple pierre debout on lit :

A Laurence SALLIN,

Femme SAUCÉ fils.

Décédée le 24 juillet 1815.

Tes vertus, ton esprit, ta bonté, ta jeunesse,
Et mes soins empressés, et ma vive tendresse
N'ont pas du sort cruel adouci la rigueur :
Hélas! je ne puis plus espérer le bonheur.

LXXXIV. A côté de cette dernière, à droite, sur un marbre debout, accompagné d'un petit jardin planté de rosiers, et entouré d'un léger treillage en bois, est écrite en lettres d'or cette épitaphe,

Aux portes du trépas, une mère en alarmes
Voulut voir ses enfans pour essuyer leurs larmes;

Elle aperçoit sa fille, embrasse ses enfans,
Et fut encore heureuse à ses derniers momens.
Sa belle âme, en quittant sa dépouille mortelle,
A laissé dans nos cœurs une peine éternelle.

Ses enfans,

Marie, *Félicité*, *Aline*	BOITUZET,	Son époux, Pierre BOITUZET.

LXXXV. Je quitte ces tombeaux vulgaires, et suis une allée qui conduit à la chapelle. A droite, une colonne en pierre, dont l'extrémité forme une pyramide, s'offre à mes yeux ; elle n'est entourée d'aucun jardin, d'aucune barrière : on croirait ce monument abandonné. J'approche et je lis :

A
Charles
PALISSOT,
Né à Nancy
En 1730,
Mort à Paris
Le 15 juin 1814.

On regrette de voir, perdu dans la foule des tombes inconnues, un écrivain spirituel, un poëte satirique, ami de Chénier, et dont la place était marquée dans le bosquet littéraire.

LXXXVI. Très-près de ce poëte philosophe, quoiqu'il ait indiscrètement attaqué quelques hommes distingués du dix-huitième siècle, je trouve, dans un abandon pareil, le monument d'un auteur renommé pour sa dévotion. C'est une colonne mesquine en pierre, sans barrière ni jardin, et dont la partie supérieure semble avoir été endommagée.

On y lit cette épitaphe latine :

D. O. M.

In spem

Salutis æternæ

Hic JACET

Joseph TRENEUIL,

Dum viveret

Honoratæ legioni adscriptus ;

Et christianissimi regis fratris

Bibliothecæ præfectus.

Poeta egregius,

Vir melior,

Cadurci natus 1773, *obiit*

Parisiis die martis V^a 1818,

Ætatis 55.

LXXXVII. En quittant le tombeau de M. Treneuil, et en me dirigeant vers la clôture nord-ouest du cimetière, une foule immense de tombes s'offrent devant moi, et se confondent à la vue. Les terrains que ces tombes occupent ne sont concédés que temporairement : aussi les monumens dont elles sont couvertes sont-ils de la plus triste nudité. Un très-grand nombre de terrains ne laissent voir que de modestes croix noires; des barrières en treillage à demi brisé ne séparent que pour quelques jours ces tombeaux, qui bientôt vont se trouver confondus.

Parmi cette multiplicité de fosses ignorées, mon œil s'attache involontairement sur un terrain presque sans culture, entouré d'une mauvaise barrière, et n'offrant qu'une pierre tumulaire relevée. J'approche et je lis :

ICI REPOSE

J.-L. TALLIEN,

Né à Paris

Le 23 janvier 1767,

Décédé le 16 novembre 1820.

Quoi! c'est ici, dans ce terrain provisoire, dont il doit être banni dans une année, que repose l'homme fameux à qui revient presque entière la gloire d'avoir délivré la France de Robespierre et du régime de la terreur! Fautes et crimes, cette action avait tout fait oublier. Qui ne sera pas frappé de ce singulier contraste entre l'importance et l'éclat de la vie de Tallien, et l'obscur abandon de sa tombe? Quel vaste sujet de réflexions!

Il ne m'appartient point d'accuser ni de justifier ce personnage fameux; mais, quelques fautes qu'il ait commises, il faut tout mettre dans la balance, et ne pas oublier que Tallien est mort dans l'indigence, et que l'intérêt n'a jamais influé sur sa conduite.

LXXXVIII. En quittant la modeste pierre qui couvre Tallien, je remonte vers le mur du nord, et j'arrive enfin à l'extrémité du cimetière. Là, je donne un souvenir à un membre des anciens parlemens, le premier qui ait élevé la voix pour demander les états généraux. Prévoyait-il les immenses résultats de cette noble réclamation ? Sur une simple pierre on lit ces mots :

H. S. E.

Joannes Antonius

SABBATIER DE CABRE

In senatu Parisiensi consiliarius clericus.

Natus aquæ sextiæ die XXI februarii 1741,

A propinquis, virisque doctis omnibus

Desideratus.

Obiit die 29 aprilis 1817.

LXXXIX. Il est temps de redescendre vers la chapelle. Un tombeau s'offre sur le chemin que je parcours, sans pierre tumulaire, orné seulement de quelques fleurs ; il ne m'arrête que par son épitaphe que je déchiffre avec peine sur quelques planches réunies et peintes en noir.

A LA MÉMOIRE

De Françoise BELLAY, âgée de vingt-trois ans,

Décédée le 13 mai 1814.

Objet de mes regrets, chaste sœur, tendre amie,
Ton âme, en paix, au ciel va jouir du bonheur :
Je finirai sans toi le trajet de la vie ;
Mais nous nous reverrons dans un monde meilleur.

Du séjour des heureux que ton ombre chérie
Veille sur mes destins, qu'elle éclaire mes pas :
T'égaler en vertus, voilà ma seule envie ;
Plains ton malheureux frère ; il pleure ton trépas.

Au bas de cette tombe on a planté deux rosiers entrelacés d'une chaîne d'immortelles. Au-dessus de la tombe s'élève un petit Christ en bronze.

XC. Je reprends ma route vers la chapelle, et j'arrive à ce plateau nu que couvrait naguère la maison du père La Chaise. De ce point élevé, qui domine Paris, mes yeux plongent, à droite, dans une vallée profonde, peuplée de tombeaux anciens et délabrés, et d'une foule de croix noires. Avant d'entrer dans cette vallée, dirigeons-nous un moment vers la gauche, près de la fontaine *la Fidèle*, dont la situation pittoresque faisait jadis l'une des beautés du jardin du père La Chaise. Son eau limpide n'arrose plus aujourd'hui que des tombeaux.

A l'extrémité du bosquet qui environne cette fontaine, j'aperçois une colonne tronquée en marbre noir, surmontée d'un vase cinéraire. On lit d'abord sur ce monument :

Sinite parvulos venire ad me (Evangile).

Laissez venir à moi les petits enfans.

Ce tombeau est celui d'un bienfaiteur de l'enfance, d'un homme évangélique dans toute l'étendue de ce mot ; sa vertu doit laisser une longue mémoire, et tout être sensible doit un pèlerinage à son tombeau. Voici son épitaphe :

Aloysius-Edouard-Camille

GAUTHIER,

Né le 29 août 1746,

Décédé le 19 septembre 1815.

Trois cents enfans ont pleuré sur cette tombe le 21 septembre 1819.

L'abbé Gauthier a consacré toute sa vie à l'instruction de la jeunesse ; il perfectionna les méthodes, dégagea les leçons des épines et des obscurités dont elles étaient jadis environnées. Il éclaira la jeunesse, et s'en fit aimer. Atteint d'une maladie mortelle en septembre 1818, son lit de mort fut entouré de ses élèves désolés. Deux cents enfans en pleurs suivirent son cercueil jusqu'à sa dernière demeure. L'année suivante, le jour anniversaire de sa mort, ce spectacle touchant se renouvela. Trois cents enfans vinrent entendre l'éloge de leur maître, de leur ami, et offrirent des prières sur sa tombe.

XCI. A gauche de l'abbé Gauthier, en remontant quelques pas, un monument plus remarquable s'offre aux regards. Sur sa table de marbre on lit cette inscription :

V. D. + S. A.

Ambroise-Marie-François-Joseph

PALISOT,

Baron de Beauvois,

Membre de l'Institut de France,

De la Société royale académique des sciences

Et de plusieurs sociétés savantes,

Nationales et étrangères ;

Conseiller titulaire de l'Université,

SÉPULTURE
DE
FAMILLE
Né à Rodt
le 31 aout 1741
Décédé à Paris
le 15 mai 1815
Née à Landau
le 2 juin 1742
Décédée à Paris
le 30 mai 1809

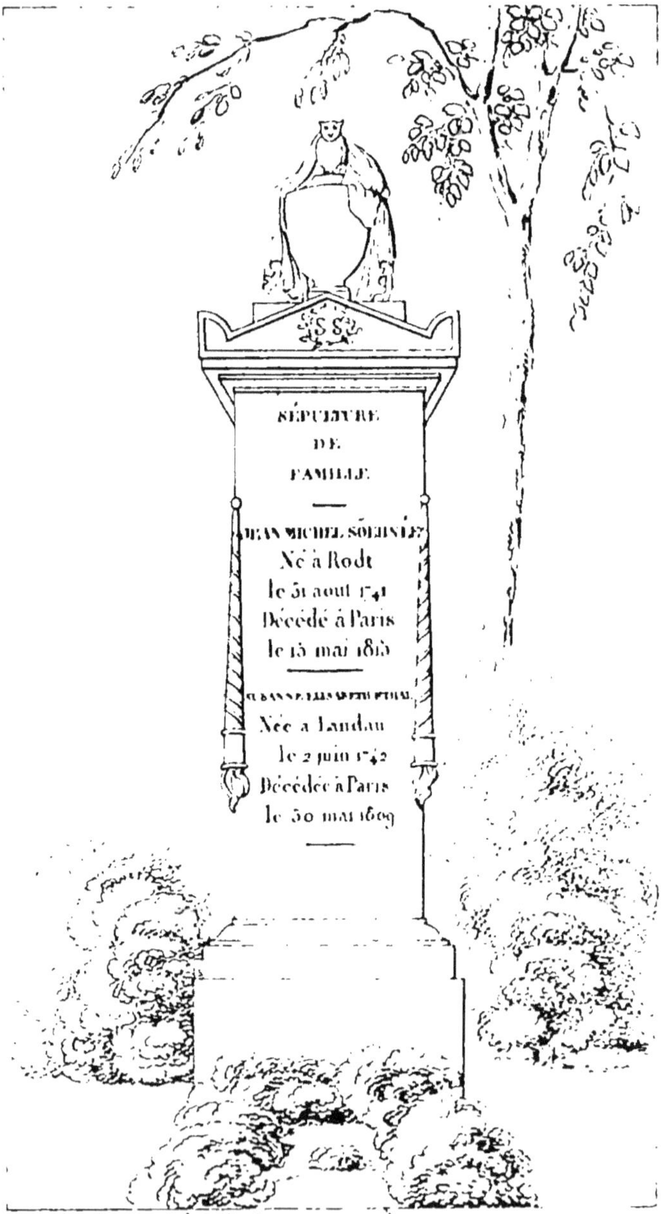

Dessiné et Gravé par Ambroise Tardieu

Chevalier de la Légion d'Honneur,
Lieutenant-général de l'O.·. du T.·.,
Décédé à Paris le 21 janvier 1820.
Il fut
L'un des plus célèbres naturalistes
De son siècle, et l'ami le plus fidèle.

Derrière le monument on lit cette inscription :

« Repose en paix, âme délicate et sensible ;
Ceux qui t'ont bien connu conserveront
De ta bonté et de tes vertus un immortel souvenir.
Hélas! ta déplorable perte a fait couler des larmes
Bien sincères et bien amères. »

XCII. A droite du baron de Beauvois, au-dessus de la fontaine *la Fidèle*, dans un second bosquet épais et touffu, s'élève un monument remarquable par son élégance. L'ouverture, fermée par une grille de fer, regarde Paris. Ce monument, qui forme un carré long, est surmonté d'un piédestal à orillons, portant un vase cinéraire. Il sert de sépulture aux familles Soëhnée et Berckeim, et déjà une foule d'inscriptions nous révèlent les pertes nombreuses que déplorent ces deux familles.

Jean-Michel SOEHNÉE, né à Rhodt le 31 août 1741, mort à Paris le 15 mai 1815.

Suzanne-Elisabeth STHAL, née à Landau le 2 juin 1742, épouse de J.-M. SOEHNÉE, morte à Paris le 30 mai 1809; avec elle sont ses petits-enfans.

Charles-Guillaume MULLER, né le 14 août 1812, mort le 20 novembre 1813.

Charles-Emile-Adolphe MULLER, né le 20 juillet 1806, décédé le 26 avril 1816.

Jean-Frédéric-Adolphe MULLER, né le 30 avril 1805, décédé le 15 juillet 1807.

Jean-Frédéric SOEHNÉE, né à Landau le 11 août 1771, mort à Bourbonne-les-Bains le 16 août 1816.

« Le baron *Sigismond-Frédéric* DE BERCKEIM, lieutenant-général des armées du roi, commandeur de l'ordre royal de la Légion-d'Honneur, né à Ribeauvilliers, le 9 mai 1775, mort à Paris le 28 décembre 1819; avec lui est Elisabeth-Octavie de Berkeim, née le 12 février 1820, décédée le 11 mars 1820.

Sur le mur de face de la terrasse on lit une inscription allemande dont voici la traduction :

« O Sigismond ! lorsque naguère je vis la mort te frapper du trait fatal, des cris de désespoir s'exhalèrent de mon sein déchiré, des torrens de pleurs inondèrent mes yeux ; mais je regardai le ciel ; le vaste ciel, et ses profondeurs s'ouvrirent : au-dessus du lieu où reposait ta cendre, tu jouissais de l'immortalité ; et, tandis que la terre pleurait ton absence, le ciel retentissait de chants d'allégresse. »

Le nom du général Berckeim est inscrit avec honneur sur les pages glorieuses de nos annales militaires.

Nous n'entreprendrons pas d'offrir la nomenclature des autres monumens de famille que l'on remarque en très-grand nombre dans le cimetière du père La Chaise. Déjà nous avons indiqué quelques-unes de ces sépultures élevées par un sentiment noble et touchant, et qui sont presque toutes remarquables soit par leurs masses, soit par le caractère de leur architecture. On aime à voir ceux que le sang unissait pendant leur vie, réunis dans le même asile après leur mort. Ne dissimulons pas toutefois que trop souvent ces tombeaux, consacrés à des personnes inconnues, ne sont pas exempts d'ostentation; ils ne prouvent que la richesse des personnes qu'ils renferment; et qu'est-ce, après l'heure fatale, que la richesse, source de distinctions et de plaisirs pendant la vie?

Parmi les monumens de familles les plus dignes d'attention, nous nous bornerons à indiquer ceux des familles Laffite, Guillaume, Desfammes, Tessier, Mounier, Clary, Barry, Lefebvre, Davoust, etc.......

XCIII. Presqu'à côté de la famille Soëhnée on distingue une colonne de marbre blanc grisâtre, surmontée d'une urne, sur laquelle on lit cette inscription simple et touchante:

ICI REPOSE

Marianne DIEDERICKE,

Comtesse de La Marck,

De Dessaw en Prusse,

Décédée le 11 juin 1814, âgée de trente-quatre ans.

Qui l'a connue la pleure.

XCIV. Revenu sur le plateau de la chapelle, deux allées de tilleuls s'offrent à ma vue. A l'entrée de l'une d'elle on remarque le plus ancien et l'un des plus beaux monumens du cimetière. Ce tombeau est construit en marbre gris-blanc, et il est élevé sur une magnifique base de même matière. Son enceinte est fermée par un grille de fer à hauteur d'appui, et elle est couverte d'un épais gazon qui relève encore la beauté du monument Sur la façade de l'ouest on lit cette épitaphe :

CI GIT

Jean-Daniel-Guillaume-Joseph

LENOIR-DUFRESNE,

Né à Alençon le 24 juin 1768,

Décédé à Paris le 22 avril 1806.

Sur la façade du nord est cette autre inscription, aussi en lettres d'or, qui vaut mieux que la plus sublime épitaphe :

Plus de cinq mille ouvriers

Qu'alimenta son génie, qu'encouragea son exemple,

Sont venus pleurer sur cette tombe

Un père, un ami.

Sur celle du midi est cette autre inscription digne de la précédente :

Puissent ses mânes jouir paisiblement
Et du bien qu'il a fait, et des regrets honorables
Que l'industrie et le commerce français
Donnent à sa mémoire !

Enfin, sur la façade de l'est on lit cette troisième inscription :

Honneur
Et
Respect
Aux cendres
D'un citoyen vertueux.

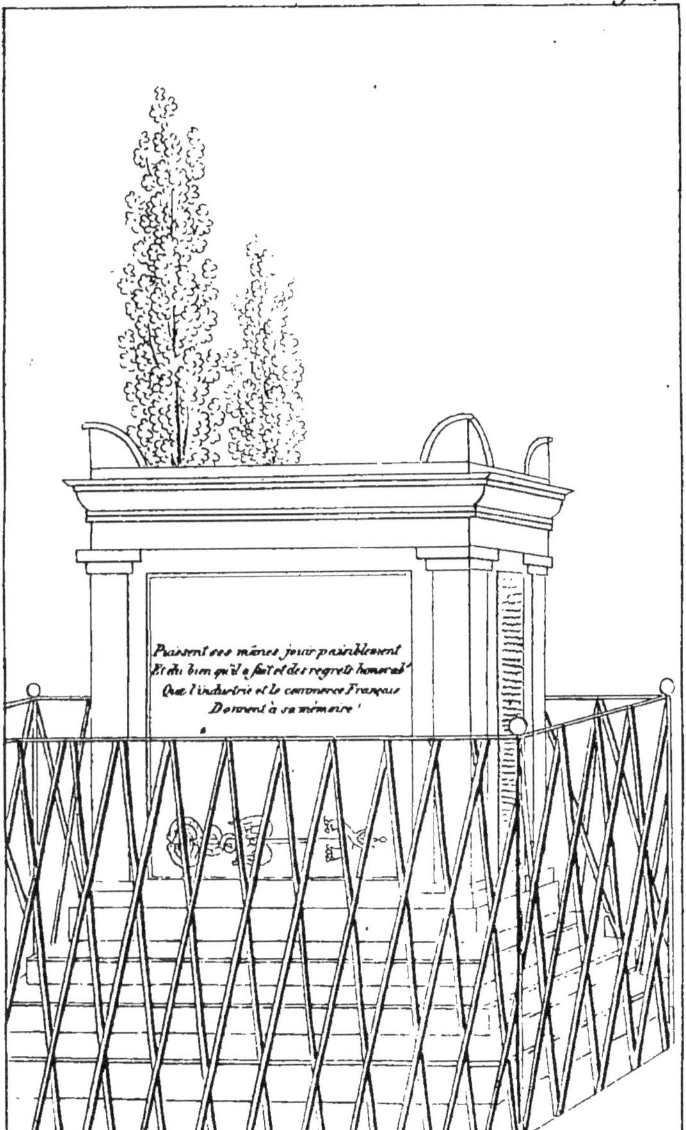

Dubois D.t et S.p

Tombeau de M.r Jean-Daniel-Guillaume-Joseph,
LENOIR-DUFRESNE.

Les deux façades du nord et du sud sont ornées de bas-reliefs, gravés *en creux* sur le marbre au-dessous des inscriptions. D'un côté, celui du midi, le bas-relief représente divers attributs du commerce, tels qu'un vaisseau, des ballots, etc.; de l'autre, c'est le caducée de Mercure, Dieu du commerce.

Les bas-reliefs, gravés *en creux*, sont jusqu'ici fort rares en France. Cependant ils conviennent beaucoup mieux à un monument que l'on veut rendre durable, que les bas-reliefs, plus en usage, gravés *en saillie*. Les parties saillantes étant toujours celles que l'influence de l'air attaque les premières, on conçoit facilement que la sculpture *rentrante* résiste davantage aux injures du temps. Les Egyptiens, dont le génie s'était surtout exercé à chercher les moyens d'assurer une grande durée à leurs monumens, avaient adopté les sculptures en creux. Tous les hiéroglyphes dont ils surchargeaient leurs monumens avec une si grande profusion, étaient gravés de cette manière. On en trouve encore qui existent depuis des millions d'années. L'adoption en France de ce genre de sculpture égyptienne est le fruit de l'expédition d'Egypte; et l'on doit désirer qu'elle soit plus souvent mise en usage: elle a moins de grâce peut-être que la sculpture en relief; mais ce qu'elle perd en beauté, elle le recouvre en durée.

XCV. A quelque distance de Lenoir Dufresne est une simple tombe en forme de piédestal construite en marbre noir; elle porte cette modeste épitaphe qui rappelle un de nos plus aimables chansonniers:

Pierre LAUJON,
Membre de l'Institut,

Né à Paris, le 3 janvier 1727,
Mort le 14 juillet 1811.

XCVI. Derrière ce tombeau, à gauche, au milieu d'un petit bosquet bien entretenu, planté de rosiers, garni de fleurs, et entouré d'un grillage en bois, est un simple marbre noir, debout, sur lequel on lit, en lettres d'or :

CI GIT
Eustoquie-Thérèse De MAIRAT
DE SAINT-CYR,
Sublime dans l'accomplissement
De tous ses devoirs,
D'une religion douce et éclairée,
Excellente fille,
Bonne et vertueuse épouse,
La plus tendre des mères ;
Elle emporte avec elle
Les plus tendres souvenirs
Et les sincères regrets
De son mari, de ses enfans,
Et de ses nombreux amis.
Après une année de souffrances aigues
Qu'elle a supportées avec l'héroïsme du courage
Que la religion seule peut inspirer,
Elle est allée recevoir la récompense
De sa résignation
Et de ses vertus,
Le 18 octobre 1813.

XCVII. Rentré dans l'allée de tilleuls, en descendant de la chapelle, je vois une tombe dont l'aspect doit être

Dubois del. et Sc.

cher à tous les amis des beaux-arts et de la musique italienne. Ce tombeau, construit en marbre blanc, porte sur le devant une lyre gravée en or, et au-dessous cette épitaphe aussi gravée en lettres d'or :

CI GIT
Madame BONDINI, femme BARILLI,
Première cantatrice de l'Opéra Italien à Paris,
Née à Dresde de parens italiens, le 18 octobre 1780;
Morte à Paris le 23 octobre 1813,
Egalement regrettée de sa famille,
Des amis des arts et de tous les gens de bien.

« *Morte !*
« *Posiò hai silenzio a più suavi accenti*
« *Che mai s'udiro.* »
PETRARCA.

« O mort !
« Tu as imposé silence aux plus doux accens
« Qu'on entendit jamais. »
PÉTRARQUE.

XCVIII. En quittant madame Barilli, je remonte de quelques pas, et, à gauche, mes yeux se perdent de nouveau dans la vallée qui s'étend le long du mur de clôture du nord. Malgré l'accès difficile de cette partie du cimetière, je parviens à descendre un coteau presqu'à pic, et je parcours cette vaste étendue couverte de tombes sans noms, à peine ornées de quelques croix noires; à ma gauche, dans la partie basse du cimetière, derrière les ateliers de marbrerie, étaient, il n'y a pas long-temps, les fosses communes; le long du mur de clôture s'offre un rang des tombes les plus anciennes; les pierres qui couvrent ces tombeaux, déjà usées et noircies par le temps, laissent à peine lire quelques caractères effacés; point de barrières autour de ces humbles monumens; point de jardins; quelques tristes arbres verts, insensiblement grandis, ombragent les pierres tumulaires, et les dérobent souvent à l'œil curieux. Quelques-unes sont envahies par le lierre, les ronces, ou par quelques vignes redevenues sauvages.

Egaré parmi ces tombes dont le désordre et l'abandon inspirent une mélancolie bien plus profonde que ces monumens pleins d'élégance et de fraicheur qui décorent les autres parties du cimetière, mes regards se promenaient au hasard sur quelques-unes d'entre elles; ils tombèrent sur un tombeau adossé au mur de clôture. Une vigne, entrelacée avec des ronces et des rosiers, le couvrait presque entièrement, et ce ne fut qu'avec une peine extrême que, parvenant à écarter cette épineuse barrière, je déchiffrai ce fragment d'épitaphe :

Guillaume-Louis

GEOFFROY

Professeur d'éloquence

De l'Université de Paris.

C'est donc là, dans un triste abandon, au milieu des tombes vulgaires, que, parmi les ronces et les épines, sous une pierre noircie et déja minée par le temps, repose le fameux critique dont la plume spirituelle et mordante désola si long-temps tout le Parnasse du dix-neuvième siècle. Par une compensation singulière, la plupart de ses victimes reposent paisiblement dans l'Élysée littéraire, environnées d'émules et d'amis; leurs tombeaux, soigneusement entretenus, sont ornés de fleurs; et seul, relégué dans un coin inconnu, le critique n'a trouvé personne pour donner des soins à la pierre qui le couvre. Etrange retour des choses humaines! leçon énergique pour les hommes qui, abusant de leurs talens, et les consacrant à la défense du fanatisme et des intérêts les plus vils, ne laissent après eux que des ennemis ou des indifférens, et n'obtiennent pas même la reconnaissance du parti qui s'est servi d'eux sans les estimer!

Il est temps de terminer cette longue promenade dans le cimetière de l'est : varier ses réflexions en pareille circonstance n'est pas chose facile, et le retour continuel des mêmes idées pourrait fatiguer le lecteur. Je tourne donc mes pas vers l'atelier de marbrerie, vis-à-vis de la nouvelle entrée du cimetière; je jette un coup d'œil sur le nouveau terrain que l'on vient d'ajouter à ce vaste champ du repos; là se creusent aujourd'hui les fosses communes. Je vois de loin ces longues tranchées, au sein desquels une avare charité entasse et presse les restes du pauvre. Sur chacune de ces bières qu'un peu de terre recouvre, je vois quelque signe de reconnaissance, tantôt une croix noire et quelques mots tracés avec de la craie, tantôt un bouquet de fleur d'orange, le plus souvent une simple branche d'arbre. Ne pouvant acquérir un terrain, et élever un monument durable, l'indigent essaie encore de prolonger de quelques jours le souvenir de celui qu'il a perdu; il marque d'un signe la dépouille des siens, espérant la retrouver pendant quelques jours encore dans cet abîme, et venir lui rendre un dernier hommage; mais ce faible monument ne durera pas long-temps. La mort aura bientôt rempli la profondeur du gouffre; et, lorsqu'il va revenir, tout sera comblé, tout aura disparu ; l'abîme rempli n'offrira plus qu'une surface unie ; et, rentrés sous le niveau de l'égalité, tous les débris communs vont se consommer ensemble assimilés et confondus sans retour.

Je m'échappe à grands pas de ce lieu de désolation, et j'arrive à la porte provisoire. Vis-à-vis de cette entrée, un établissement d'un autre genre frappe mes yeux. Je lis : *Café du Mont-Louis*. Etrange contraste qui donne la mesure de l'espèce humaine, insouciante et légère, qui allie les idées les plus opposées, et place un lieu de plaisir auprès du séjour de la mort ! Cette opposition est bien plus frappante encore au cimetière de Montmartre et au nouveau champ du repos de Mont-Parnasse. A deux pas de ces lieux funèbres, un spéculateur, *avec autorisation*, a élevé deux salles de spectacles.

Terminons cette promenade par quelques mots sur l'usage auquel servit, en 1814, le cimetière du Mont-Louis : la ville des tombeaux devint, à cette époque, un champ de bataille ; elle fut jonchée de morts ; et l'on jugea qu'elle n'avait guère changé de destination.

En 1814, au moment où l'ennemi approchait de la capitale, la colline de *Mont-Louis* ou du *cimetière du père La Chaise*, parut, aux ingénieurs chargés de la défense de Paris, une position importante et digne d'être fortifiée. En conséquence ils y établirent des batteries formidables qui furent servies moitié par les élèves de l'école Polytechnique, et moitié par les jeunes vétérinaires de l'école d'Alfort. Elles devaient balayer et tenir libre la vaste plaine qui s'étend depuis Paris jusqu'à Vincennes. Les murs de clôture de l'est furent aussi crénelés pour le même usage, et aujourd'hui encore on voit les trous qu'on avait pratiqués à cet effet. Des troupes et des canons manœuvrèrent dans le champ des morts. Des bivouacs furent établis dans cette sombre enceinte, consacrée à une paix éternelle. Des feux militaires allumés à l'entour des tombes monumentales, éclairaient de leur lueur lugubre cette dernière demeure des Parisiens.

Dans la journée du 30 mars, cette position du père La Chaise fut attaquée vigoureusement par deux divisions russes tout entieres. Que pouvait contre des forces aussi supérieures la faible garde placée autour de la maison du jésuite ? Elle fut obligée de céder ; cependant ce ne fut pas sans une résistance opiniâtre de la part des braves Français postés au cimetière du père La Chaise pour défendre ce point important. Assaillis deux fois par les troupes fraîches, envoyées par le général Barclay de Tolly, ils les repoussèrent deux fois, et ce n'est qu'à la troisième que les Russes restèrent maîtres du cimetière. Le sang français avait coulé sans doute ; mais celui de l'ennemi rougit aussi cette terre monumentale ; et plus d'une tombe, déposée dans le cimetière, atteste par les caractères russes qui y sont gravés, que plusieurs officiers périrent à l'attaque de la colline de Mont-Louis. Le résultat de cet avantage, remporté par le nombre sur la valeur, fut la possession de la batterie de canons qui était établie dans le cimetière ; et la prise de cette position facilita beaucoup aux Russes celle du village de Charonne.

Paris ayant capitulé le soir, les Russes restèrent à Mont-Louis, et bivaquèrent à leur tour dans cette enceinte sacrée. On s'en aperçoit encore après dix ans.

En 1815, lorsque, pour la seconde fois, l'Europe coalisée contre un seul homme venait entourer de ses nombreux bataillons la capitale de la France, les petites barrières de Paris ayant été fermées, du 24 juin au 8 juillet, par ordre du gouvernement provisoire, et l'administration des pompes funèbres, craignant d'exposer ses employés à être surpris ou blessés par les troupes ennemies, arrêta qu'on cesserait de porter les corps au cimetière du père La Chaise. L'autorité fit rouvrir l'ancien cimetière de la paroisse Sainte-Marguerite, et c'est dans ce lieu que furent inhumés ceux qui moururent pendant les quinze jours qui précédèrent l'entrée du roi dans Paris.

CIMETIÈRE DE VAUGIRARD.

Il est situé au-delà des boulevards de l'ouest, à l'entrée du village même de Vaugirard. La seconde porte cochère que l'on trouve à droite dans la grande rue est celle de ce cimetière. C'est le second, après Montmartre, qui ait été consacré à recevoir les personnes décédées de la capitale. Il a aussi une seconde entrée par la rue de Sèvres, et représente une superficie entièrement plane et entourée de murs. Son étendue est médiocre.

Aussi, quoiqu'il ne compte pas un grand nombre d'années d'existence, il était déjà encombré il y a dix ans, et ce n'est qu'au moyen d'un agrandissement qu'il a pu servir jusqu'en 1824 ; et encore a-t-il fallu entasser les tombes les unes sur les autres, confondre les terrains concédés à perpétuité avec les fosses communes, recourir enfin à des expédiens qui n'ont pu être adoptés sans donner à ce cimetière la forme d'un chaos, et sans altérer d'une manière fâcheuse la salubrité de l'air que l'on respire dans cet étroit asile de la mort.

Dès l'année 1810, il y a quatorze ans, on avait songé à remplacer ce champ du repos par quelque autre. Des commissaires nommés à cet effet choisirent un terrain situé hors de Paris près de la barrière du Maine, et contigu à un autre cimetière étroit et très-infect consacré aux hospices de charité. L'acquisition fut faite, et les travaux préparatoires furent promptement achevés. Au lieu de l'entourer de murs, on ceignit d'abord cet enclos d'une vaste circonvallation ou fossé, large d'environ quinze pieds. Sans doute cette clôture n'était pas suffisante; il eût été peu convenable de laisser ouvert à tous les regards un asile de mort consacré par la religion, et destiné à n'inspirer que de sérieuses pensées. C'eût été un triste voisinage pour la population active et nombreuse des faubourgs Saint-Jacques et Saint-Germain; et l'aspect continuel de la destruction eût attristé le peuple qui, les jours de fêtes, vient en foule sur ces boulevards se délasser de ses travaux et oublier sa misère.

On ne sait ce qui empêcha alors de réaliser le projet de créer un cimetière à la barrière du Maine; mais ce projet fut, sinon abandonné, du moins ajourné pour longtemps. On pense que des raisons puissantes enchaînèrent la volonté du conseil de la ville de Paris. On craignit sans doute que ce terrain ne fût pas encore suffisamment éloigné de la capitale; on redouta l'effet des émanations pestilentielles qui pourraient s'élever et se répandre sur les habitans de ces faubourgs. Les terres furent provisoirement rendues à la culture, et le blé recommença de croître là où la mort devait fixer son séjour.

Ce fut à la suite de cette détermination que l'on imagina depuis d'acquérir le terrain qui avoisinait le cimetière de Vaugirard, et de le réunir à ce champ du repos en supprimant le mur de l'est. Mais nous nous permettrons de le demander: n'était-ce pas substituer un danger plus grave à celui que l'on avait voulu éviter en ajournant l'emploi du cimetière du Mont-Parnasse? Le cimetière de Vaugirard, en effet, est beaucoup plus voisin de Paris que n'était le terrain projeté. Il est situé dans un village populeux, et partout enclavé dans des habitations. Nous nous étonnons de ce que les habitans de Vaugirard n'ont point, à diverses époques, adressé au gouvernement des réclamations, et n'aient point sollicité l'abandon d'un dangereux foyer de putréfaction.

Nous le dirons d'ailleurs en passant, les différens cimetières de Paris nous semblent encore trop près de la capitale. C'est au milieu même de la campagne, et dans l'éloignement de toute espèce d'habitation qu'ils devraient être placés. Peut-on prendre trop de précautions pour la santé des hommes? et n'est-il pas, dans Paris, assez de causes d'insalubrité sans augmenter encore, par une fatale imprévoyance, ces causes dévastatrices? Les Egyptiens avaient destiné un canton entier de leur pays à la sépulture de leurs morts. Ne pourrait-on pas, au moins pour Paris, où la mort frappe des coups si rapprochés, adopter la même méthode? Il est, aux environs de la capitale, des terrains stériles qui conviendraient merveilleusement à l'établissement d'un dépôt général de sépulture; et nous faisons des vœux sincères pour qu'un jour on se décide à y reporter les quatre cimetières de Paris.

Charles IX, à qui la nature avait donné de grandes vues, mais dont la faiblesse et le fanatisme ont fait un monstre, paraît avoir eu un projet à peu près semblable à celui que nous énonçons. Saint-Foix rapporte, dans ses *Essais historiques sur Paris*, que ce prince avait eu l'idée de consacrer le bois de Boulogne à la sépulture de tous les grands hommes de la France. Chacune des familles considérables du royaume eût obtenu là son tombeau particulier, et tous ces tombeaux auraient été nécessairement des monumens plus ou moins recommandables par leur exécution. Quel dommage que les remords de la Saint-Barthélemi, en conduisant ce jeune prince à une mort prématurée, aient empêché Charles IX d'exécuter cette grande pensée ! Que de monumens vastes et majestueux couvriraient maintenant la surface du bois de Boulogne ! Quel nouveau champ ouvert aux arts, si ce projet eût été suivi ! Boulogne serait devenu un véritable musée historique où les familles auraient déposé leurs titres les plus incontestables. De quels chefs-d'œuvre de tous les genres ne se serait point enrichi ce musée de la mort pendant le cours brillant des siècles qui ont suivi le règne de Charles IX ! Supposez, dans votre imagination, que le bois de Boulogne ait en effet reçu la destination que voulait lui donner le monarque français, que de monumens fameux il présenterait maintenant à l'admiration et à la reconnaissance publique ! Avec quel respect, quel enthousiasme vous verriez tout entier le grand siècle de Louis XIV offrant à l'œil enchanté tout son cortége de grands hommes ! Que de noms illustres, gravés sur le marbre ou sur la pierre, rappelleraient aux voyageurs et la gloire et le bonheur de la France ! Avec quelle vénération religieuse, et avec quel orgueil en même temps les Français visiteraient les allées sombres où reposeraient les cendres des Condé, des Turenne, des Villars ; celles des Boileau, des Molière, des Lafontaine ; celles des Lebrun, des Mignard, des Girardon, des Mansard, des Le Nôtre ; celles des Bossuet, des Massillon, des Fénélon, des Rousseau, des Voltaire, et tant d'autres cendres célèbres que la mort eût successivement consacrées à notre admiration dans ce commun asile de la gloire ! Certes, nous n'en doutons point, le musée mortuaire du bois de Boulogne fût devenu le lieu le plus pittoresque de l'Europe, et il n'est pas un ami des arts et des grandes choses qui n'eût voulu, au moins une fois en sa vie, y faire un pélerinage bien autrement intéressant que ceux que l'ignorance et la crédulité font aux tombeaux des saints.

Nous nous étonnons qu'une idée aussi belle n'ait point été adoptée par ce Louis-le-Grand qui, dans l'intérêt de sa puissance, sut encourager et récompenser tous les genres de mérite et d'illustration. La création d'un musée destiné à honorer la cendre des grands hommes était digne de ce monarque. Nous nous étonnons encore que ce projet ne se soit point présenté à l'imagination gigantesque de Napoléon, lui qui succédait à des hommes qui avaient consacré le plus beau monument de la capitale à la sépulture de tous les Français dont la vie aurait bien mérité de la patrie. Il eût dû sentir que de grands monumens, élevés sous la direction des beaux arts dans le vaste champ de la nature, auraient honoré plus dignement la cendre de nos grands hommes que la vaine distinction d'une sépulture accordée dans les caveaux étroits et sombres du Panthéon. Il semble que, dans ces retraites souterraines, et pour ainsi dire ignorées, l'homme meurt véritablement tout entier; au lieu qu'au bois de Boulogne les mortels illustrés par leur génie ou par leur exploits seraient restés vivans parmi nous, et nous offriraient continuellement des exemples et des leçons.

Les arts auraient ensuite trouvé dans un établissement ainsi conçu un aliment perpétuel. Il eût été honorable de recevoir la sépulture dans un lieu illustré déjà par la présence de tous les grands hommes de la France, et les familles se seraient empressées d'en éterniser la mémoire par des monumens durables. Les matières les plus précieuses auraient été employées à leur construction, et les artistes les plus habiles auraient été appelés pour les orner et les enrichir de leurs chefs-d'œuvre. L'orgueil, naturel à l'homme, se glissant dans toutes les institutions qu'il crée, une noble émulation se fût établie, et l'on eût vu s'élever, dans le musée de la mort, des monumens qui seraient devenus, pour les races futures, des modèles et des sujets de comparaison. Les artistes, en cherchant à les surpasser, auraient fait faire à l'art des progrès étonnans, et la France posséderait un genre de gloire inconnu aux autres nations.

Par les tombeaux déjà élevés dans les cimetières actuels de Paris, on peut juger ce qu'eût, en effet, produit l'émulation dans un cimetière central, où les hommes les plus célèbres du royaume eussent eu seuls l'honneur de la sépulture. Les cimetières de Paris n'existent que depuis vingt-cinq ans, et déjà l'on s'aperçoit que les plus beaux tombeaux sont les derniers construits. A mesure que de nouveaux modèles y sont exposés, on s'efforce de les surpasser, et d'en créer d'autres qui soient plus dignes de l'attention du public : et cependant, nous en avons fait la remarque, presque tous les tombeaux construits l'ont été par des familles plébéiennes, à qui le rang ou la naissance n'imposait point le devoir de se distinguer. Ce sont des bourgeois, des commerçans ou artistes, qui possèdent, aux différens cimetières de Paris, les tombeaux les plus remarquables. Que serait-ce donc si les premières familles avaient un cimetière particulier, si ceux de leurs membres qui se seraient illustrés avaient droit à une sépulture distinguée ?

Maintenant qu'on n'élève plus des tombes monumentales dans les églises, nous faisons des vœux pour que l'idée féconde de Charles IX soit réalisée par quelque prince qui sache en comprendre toute la grandeur. La France y gagnerait de magnifiques monumens, et la cendre de nos grands hommes recevrait enfin les honneurs qu'une nation grande et généreuse doit à ceux qui l'ont illustrée.

Revenons au cimetière de Vaugirard. L'agrandissemeut dont nous avons parlé eut lieu vers l'année 1816, et l'on a pu se servir encore de cet enclos pendant quelque temps. Mais enfin l'encombrement est devenu tel, que la ville de Paris, forcée de prendre un parti, et ne pouvant plus opérer un nouvel agrandissement, est revenue à ses premières idées, et s'est définitivement déterminée à faire emploi du terrain acquis par elle près de la barrière du Maine. De hautes murailles ont été élevées, et cet enclos d'une vaste étendue, qui comprend le Moulin moliniste, et se prolonge jusqu'à la Chaussée-du-Maine, a été désormais consacré à cette funèbre destination.

Chaque jour le cimetière de Vaugirard offrait moins de ressources; les murailles, l'entrée même étaient sillonnées de tombeaux; à peine attendait-on l'espace de cinq ans pour rouvrir les fosses communes qui, creusées à une grande profondeur, restaient long-temps ouvertes, et renvoyaient des exhalaisons putrides; enfin, le 15 juillet 1824, l'ordre a été donné de fermer ce cimetière; et, à dater de ce jour, l'enclos du Mont-Parnasse a été mis à la disposition du public.

Nous avons visité le cimetière de Vaugirard quatre jours après sa clôture, et nos yeux ont été profondément affligés par le spectacle hideux qu'il présente. Des fosses communes étaient encore ouvertes à l'entrée même, du côté de la rue de Sèvres, et il était impossible de pénétrer dans le cimetière sans passer devant ces gouffres qui exhalaient des vapeurs pestilentielles. Toutes les parties de l'enclos offrent le spectacle du désordre et de l'abandon. Peu de jardins sont soignés encore ; une foule de monumens, de pierres tumulaires gisent confusément, déplacés ou brisés ; à peine peut-on faire le tour du cimetière, tant les sentiers, restés libres, sont étroits et circonscrits ! Nous avons vu, par suite de la négligence des ouvriers, une foule de tombes déjà délabrées quoique neuves. Nous avons vu, oserons-nous le dire, au milieu de cet enclos qui peut donner une idée de ce qu'était jadis le cimetière des Innocens, dans la cavité d'une fosse ancienne à demi ouverte, quelques ossemens épars et à peine consumés.

Le cimetière de Vaugirard a peu de tombeaux bien remarquables. Il n'était guère d'usage d'y enterrer que les gens pauvres, et les riches évitent assez ordinairement leur voisinage. C'est dans ce cimetière que le faubourg Saint-Jacques déposait sa population nombreuse et assez généralement indigente. C'est là que le grand atelier de la mort, l'Hôtel-Dieu, envoyait habituellement les décédés que l'habileté de ses médecins n'avait pu sauver. Que d'infortunés sont venus là trouver avec plaisir la fin de leurs maux, le terme de leurs souffrances ! Ah ! si jusqu'ici nous nous sommes particulièrement occupés de ceux à qui l'orgueil et la richesse permettent d'élever des monumens funéraires, il est bien juste qu'à son tour le pauvre, le malheureux, dont la vie ne fut qu'une lutte continuelle contre le besoin, trouve ici une ligne consacrée à sa mémoire; il est bien juste que notre main répande quelques fleurs funèbres sur cette tombe commune où il repose, oublié après sa mort comme il le fut pendant sa vie laborieuse. Combien de citoyens obscurs sont là gisans sans honneurs et sans gloire, et dont les vertus sociales et les qualités personnelles furent plus solides et plus réelles que celles de tant de morts dont la tombe fastueuse offre un éloge pompeux et si souvent mensonger ! Que de bons pères de famille, de mères tendres, d'enfans généreux, d'époux fidèles, d'êtres vertueux de tout sexe, de toutes conditions, dignes de servir de modèles et d'exemples à toutes les classes de la société, reposent là sans que leur mérite ait jamais été ou connu ou prôné !

Que leurs tombes du moins ne soient pas dédaignées !
Que l'heureux fils du sort, déposant sa grandeur,
Du modeste artisan respecte la candeur !
Que le sourire altier sur ses lèvres expire !
Biens, dignités, crédit, beauté, valeur, empire,
Tout vient dans le lieu sombre abîmer son orgueil.
O gloire ! ton sentier ne conduit qu'au cercueil.
Ils n'obtinrent jamais, sous les voûtes sacrées,
Des éloges menteurs, des larmes figurées;
Les ministres du ciel ne leur vendirent pas
Le faste du néant, les hymnes du trépas;
Mais, perçant du tombeau l'éternelle retraite,
Des chants raniment-ils la poussière muette ?
La flatterie impure, offrant de vains honneurs,
Fait-elle entendre aux morts les accens suborneurs ?
Des esprits enflammés d'un céleste délire,
Des mains dignes du sceptre et dignes de la lyre,
Reposent dans ce lieu par la mort habité.
Grands hommes inconnus, la froide pauvreté

Dans vos âmes glaça le torrent du génie.
Des dépouilles du temps la science enrichie
A vos yeux étonnés ne déroula jamais
Le livre où la nature imprima ses secrets;
Mais l'avare Océan recèle dans son onde
Des diamans, l'orgueil des mines de Golconde.
Des plus brillantes fleurs le calice entr'ouvert
Décore un précipice ou parfume un désert.
Là peut-être repose un Hampden de village,
Qui brava le tyran de son humble héritage;
Quelque Milton sans gloire, un Cromwel ignoré
Qu'un pouvoir criminel n'a pas déshonoré.
S'ils n'ont pas des destins affronté la menace,
Fait tonner au sénat leur éloquente audace,
D'un hameau dévasté relevé les débris,
Et recueilli l'éloge en des yeux attendris,
Le sort qui les priva de ces plaisirs sublimes,
Ainsi que les vertus, borna pour eux les crimes.
On n'a point vu l'épée, ivre de sang humain,
Leur frayer jusqu'au trône un horrible chemin:
Ils n'ont pas étouffé, dans leur âme flétrie,
Et la pitié qui pleure, et le remord qui crie;
Jamais leur main servile aux coupables puissans
N'a des pudiques sœurs prostitué l'encens,
Et leurs modestes jours, ignorés de l'envie,
Coulèrent sans orage au vallon de la vie.

Cimetière de GRAY, traduit par CHÉNIER.

Obscurs, mais respectables citoyens, ô vous qui maintenant sans doute trouvez dans une autre patrie la justice qui vous fut refusée dans celle-ci, et jouissez de la récompense de vos vertus ignorées des hommes, recevez ici mon hommage! Après avoir parcouru les tombes des riches et des heureux de la terre, je me suis arrêté sur la vôtre; j'ai prié le protecteur du faible et du pauvre de me donner vos vertus et ce courage qui vous fit supporter, sans murmure et sans désespoir, tous les maux de la vie et le rang obscur où il vous avait placés.

Nous allons citer le petit nombre de tombes que nous avons remarquées dans ce cimetière, soit à cause de leur construction, soit à cause des épitaphes qui les accompagnent.

I. A droite, en entrant, on trouve un tombeau en pierre, sur lequel s'élève une pyramide terminée par une croix. Sur la face principale de cette pyramide on lit :

ICI REPOSE
Anne SANTAINNEY,
Épouse de B.-P. DETRÈS, médecin,
Morte le 11 février 1814.
Me tenuit moriens deficiente manu.

Sur l'autre façade est cette autre inscription :

Annette, ma chère Annette,
Ton ami désolé, inconsolable,
Dans sa douleur profonde,
Consacre à la mémoire
Ce monument funèbre
Pour éterniser
Ton mérite, tes vertus,
Son malheur et ses regrets.

Ce tombeau, qui est d'une belle exécution, est un des plus remarquables du cimetière. Cependant il nous paraît présenter une inconvenance, le choix de l'inscription latine gravée au bas de la façade principale. Le profane doit-il donc ainsi se trouver allié avec le sacré ? Un monument religieux, décoré de la croix du salut, devrait-il porter pour inscription un vers amoureux, un vers que le prince des poëtes élégiaques latins adressait à son amante Délie ?

II. Sur une simple pierre, scellée dans le mur de l'est, on lit :

ICI REPOSE

Le corps de *Claire-Josèphe-Hippolyte*

LERIS CLAIRON DE LATUDE,

Née à Saint-Wanon de Condé,
Département du Nord,
Le 25 janvier 1723,
Décédée le 29 pluviose an 11,
Janvier 1803.

Elle traça, avec autant de vérité
Que de modestie,
Les règles de l'art dramatique,
Dont elle sera à jamais le modèle.

III. A vingt ou trente pas de la tombe de Clairon est la sépulture d'un littérateur célèbre, poëte médiocre, mais prosateur distingué et critique fameux, mort bien peu de temps après elle, qui eut de grandes relations avec cette actrice illustre, et lui dut en partie le succès de ses pièces. Sur une pierre, également attachée au mur de l'est, est cette longue épitaphe :

CI GISENT

Les dépouilles mortelles
De *Jean-François de LA HARPE*,
L'un des quarante de l'Académie française,

Jean François
de LA HARPE
Décédé a Paris
Le 22 Pluviose an 11 (Février 1803)
Agé de 64 ans

Dubois D.t et S.p

Et membre de l'Institut national,
Décédé à Paris
Le 22 pluviose an XI (1803),
Agé de soixante-quatre ans.
Poëte, orateur et critique célèbre,
Ses écrits dureront
Autant que la langue française.
Plein de courage
Pour défendre ceux qui étaient dans le malheur,
Et sincèrement attaché à sa religion,
Ainsi qu'à sa patrie,
Il leur aurait sacrifié ses jours;
Ses veilles et ses travaux
Les ont abrégés.
Ses derniers vœux ont été
Que chaque citoyen s'occupât
De soulager les infortunés,
Et d'entretenir la paix et la concorde
Dans son pays.

Lecteur,

Faites ce que vous pourrez

Pour accomplir ses vœux,

Et priez Dieu pour le repos

De son âme.

IV. Presqu'à côté du tombeau de La Harpe, et à six pieds du mur, est une tombe carrée, en forme de coffre convexe, construite en pierre. Un marbre noir, attaché à cette tombe, et en face du mur, présente cette inscription :

AUX MANES
d'*Eugénie-Palmire-Angélique*
BUISSON.

Contre le sort que peuvent les talens ?
Que peut la beauté, la fortune ?
Eugénie, à nos yeux, subit la loi commune,
Et tombe moissonnée à la fleur de ses ans.
Que ce marbre à jamais atteste
Notre amour, sa vertu modeste,
Et la douleur de ses parens.

Sur la façade occidentale de cette tombe était, dans l'origine, un autre marbre, aussi incrusté dans la pierre. Mais, par l'effet de cette incurie des ouvriers, que nous avons déjà signalée au cimetière du père La Chaise, ce marbre, détaché de la tombe, gît maintenant à côté, presque caché sous l'herbe qui le recouvre. On lit dessus cette inscription :

Née le 5 février 1797,
Morte le 5 septembre 1808.

Hommage rendu
Par son père inconsolable.

V. A côté du tombeau de mademoiselle Buisson est une longue pierre couchée, sous laquelle repose son malheureux père, ainsi qu'on l'apprend par cette inscription :

ICI REPOSE,
A côté de sa fille chérie,
François BUISSON,
Décédé le 8 avril 1814,

Agé de soixante-un ans.
La mort seule
A pu tarir la source des larmes,
Et mettre un terme
Aux regrets douloureux
Du meilleur des pères.

VI. Non loin de ce tombeau on voit un monument singulier et touchant; c'est un berceau en marbre blanc que l'artiste a sculpté pour imiter l'osier. Deux enfans, également en marbre, dorment dans ce berceau, tandis qu'une faux suspendue sur leur tête semble prête à les frapper. Sur le cintre de la partie supérieure du berceau on lit :

Tendre mère, pleure tes enfans chéris.

Ce monument, digne du cœur d'une mère, paraît avoir été déplacé. Il est aujourd'hui déposé sur la pierre d'un autre tombeau. Il faut attribuer ce déplacement à la négligence et à l'oubli qui concourent avec le temps à accroître la confusion dans le cimetière de Vaugirard.

VII. A droite du chemin du milieu, en entrant par la porte de Vaugirard, est une pierre debout, sur laquelle on lit :

Charles-Louis KOENIG,
Mort le 2 juin 1814,
Agé de vingt-un ans.

« Digne objet de mes soins, enfant de ma tendresse ;
« Toi dont mes saintes lois conduisaient la jeunesse,
« C'est assez t'éprouver ; meurs et viens dans mon sein
« T'abreuver d'un bonheur sans mélange et sans fin :

« Viens, ami de mon fils, son sang te purifie;
« Et, pour prix de ce sang, mon trône est ta patrie. »
Dieu dit : et Charle est mort. Pleurez, amis, pleurez;
Mais songez au beau jour où vous le reverrez.

VIII. Non loin de ce dernier tombeau, remarquable par la singularité de son épitaphe, sur une pierre carrée, debout, surmontée d'une urne, aussi en pierre, on lit :

Marie-Antoinette-Sophie FILLIN,
Épouse de M. de LA GRASSE,
Chevalier de Saint-Louis;
Décédée le 10 décembre 1815,
Agée de soixante-deux ans.

Tendre, sans amour éphémère
Elle a chéri;
Malheureuse, à la coupe amere
Elle a souri;
Pauvre, et s'immolant à sa mere,
Elle a péri.

IX. Une très-petite pierre que l'on trouve à quelque distance de ce dernier tombeau, présente cette inscription :

A AGLAÉ
Fille de Jeanne DETTUFF,
Et de A. MAGIMEL,
Morte le 31 octobre 1815.
Agée de seize mois.

Aimable enfant, qu'au moins ton avenir heureux
Console, s'il se peut, ta mère inconsolable :
Aimable et cher enfant, ta grâce inexprimable,
Ton sourire enchanteur iront charmer les cieux

X. Presque au milieu du cimetière, un peu sur la gauche du chemin qui le partage, on lit sur un marbre noir couché :

Hélène ***POUSSIN***,

Épouse de L. A. JOUVENCEAU.

HELENA

Pietate, virtutibus, formâ,
Decore et lepore
Præstantissima,
Ætate 21 annis
Sex decimâ mensis maii
Die nuptiarum tertiâ
Redeunte, obiit.
Infelix conjux,
Infelices parentes
Consecravêre
1814.

XI. A droite, vers le milieu, et dans un lieu peu couvert, on distingue plusieurs tombes assez remarquables, et par leur architecture, et par la réputation des personnes qu'elles couvrent.

Sur une pierre élevée en forme de borne antique, et surmontée d'une croix, on lit :

ICI,

Dans l'attente de la bienheureuse résurrection,

REPOSE

Le corps de *Bertrand* ***ANDRIEU***,
Graveur en médailles,

Chevalier de l'ordre de Saint-Michel,
Membre honoraire de l'Académie impériale et royale
Des beaux arts de Vienne en Autriche.
Né à Bordeaux le 4 novembre 1761,
Mort à Paris, le 10 décembre 1822.

Laissons à la postérité
Le soin de perpétuer sa haute réputation.
Qu'importent un talent brillant et ses récompenses
A celui qui a cessé de vivre?
Pour nous, disons qu'il fut le modèle des époux,
Le meilleur et le plus tendre des pères;
Disons que le souvenir précieux des qualités de son cœur,
Et des vertus religieuses qu'il a pratiquées
Dans ses longues souffrances,
Fait notre solide gloire, et notre juste consolation,
Et que c'est, muni du sacrement de la foi.
Et plein de confiance
Dans la miséricorde du Seigneur,
Que son âme
A rompu les liens qui l'attachaient à la terre

Au milieu des ombres de la mort même,
Je ne craindrai point,
Parce que vous êtes avec moi, Seigneur. Ps. 22.

XII. Tout à côté du tombeau d'Andrieu s'élève une pierre surmontée d'un fronton, au dessous duquel on voit un beau portrait sculpté en marbre blanc. On lit cette inscription :

L.-P. DE SEINE, statuaire,

Membre de l'ancienne Académie

Royale de peinture, sculpture, de Paris,
De celles de Turin, de Berlin, etc.,
Chevalier de la Légion-d'Honneur,
Né à Paris le 20 janvier 1749,
Décédé le 4 octobre 1822,
Dans les sentimens religieux,
Qui ont fait la consolation de sa vie.
De profundis.

Sur une pierre couchée au pied du même tombeau on lit ce court mais complet éloge :

Parmi ses nombreux ouvrages,
Les statues de Mutius Scævola,
De Diogène, de Bacchus,
D'Hébé, de Flore,
De la Prudence, d'une Naïade;
Celles de Tourette, de Portalis,
De Pansemont, de Colbert,
De l'Hôpital, de d'Aguesseau,
Ainsi que les bas-reliefs des cinq premières stations
De la passion, en l'église Saint-Roch,
Les Mausolées du cardinal de Belloy
Et du duc d'Enghien,
Recommandent son nom à la postérité.

XIII. A quelque distance on distingue une borne en marbre blanc, ornée d'un beau buste sculpté. C'est encore le tombeau d'un artiste distingué :

ICI REPOSE
Jusqu'au jour de la résurrection,
Sébastien CALDELARI,
Statuaire,

Né le 13 octobre 1773, à Maroggia,
District de Lugano, canton du Tésin,
Confédération suisse,
Mort à Paris le 21 décembre 1829,
Excellent ami et artiste habile.

Ce monument élevé à sa mémoire est un bien faible témoignage de ce qu'il méritait.

Chrétiens, priez Dieu pour lui.
De profundis.

Au dessous de cette inscription un bas-relief très-habilement exécuté, représente un Amour couronnant un lacrymatoire.

XIV. En suivant l'allée du milieu, et en se dirigeant ensuite à gauche vers l'entrée de la rue de Sèvres, on trouve une tombe qui rappelle de tristes souvenirs. Sur cette tombe s'élève une pierre surmontée d'une corniche à orillons, et ornée d'une table de marbre noir. On lit sur cette table :

ICI REPOSE

Près de son père et de sa mère,
Daniel-Hippolyte BALLET,
Décédé
Peu de temps après eux,
A l'âge de vingt-trois ans,
Le 5 octobre 1822.

L'histoire tragique des deux frères Ballet a retenti dans toute la France. On sait qu'héritiers d'une fortune immense, ils ont péri, l'un après l'autre, dans la fleur de la jeunesse ; et que la mort d'Auguste Ballet, le dernier des deux, arrivée subitement à Saint-Cloud, a donné lieu à un procès fameux, et a été suivie, de l'exécution du trop célèbre Castaing, leur ami, et, suivant un arrêt des tribunaux, leur empoisonneur. Ainsi, la fortune considérable amassée avec tant de peine par le notaire Ballet, est devenue la cause de la mort prématurée de ses deux enfans, et a entraîné dans leur tombe celui qui l'avait conquise par un double crime. Cet héritage si brillant et si envié n'a été pour eux qu'un héritage de mort; et la fortune, en visitant leur asile, les a cruellement punis de ses rapides et trompeuses faveurs.

Hippolyte repose près de son père et de sa mère; mais on cherche en vain autour d'eux le malheureux Auguste Ballet. Mort à Saint-Cloud en quelques heures, il a été, selon le vulgaire usage, transporté dans le cimetière de Saint-Cloud; mais cette destination donnée à sa dépouille devrait-elle être définitive, et l'homme qui, en mourant, a laissé sept cent mille francs à ses héritiers, n'a-t-il pas payé suffisamment une étroite place auprès de sa famille?

XV. Presque vis-à-vis d'Hippolyte Ballet, en s'avançant vers l'entrée de la rue de Sèvres, j'aperçois un petit monument carré, surmonté d'une urne en pierre. Cette tombe, placée tout auprès des fosses communes, contient un respectable ecclésiastique; elle est digne de sa modestie dans la haute fortune, et de sa résignation dans la disgrâce. C'est celle de VILLARET, évêque de Casal, ancien chancelier de l'Université.

XVI. Je traverse rapidement l'espace compris par la fosse commune; d'horribles exhalaisons me chassent de cette sépulture du pauvre, et je suis au hasard un sentier parmi les tombes qui occupent le terrain annexé en

1816 au cimetière de Vaugirard. Sur ce sol nouveau, aride et peu couvert, on n'aperçoit que des monumens sans faste, de simples pierres, point de jardins, des épitaphes sans intérêt.. Un nom cependant m'arrête au milieu de cette foule ignorée. Sur une modeste pierre, placée verticalement, je lis :

ICI REPOSE
Sth.-A. DESOER;
Né à Liége le 24 mai 1788.
Décédé à Paris,
Le 16 avril 1823.
Ce fut lui qui, en 1814,
Ranima la librairie
Languissante en France,
En réimprimant sous forme
D'éditions compactes,
Les ouvrages des écrivains célèbres.
Bon époux, bon père, bon ami.
Il mérita l'estime, l'amitié
Et les regrets
De tous ceux qui l'ont connu.
Requiescat in pace.

XVII. Revenu sur mes pas, dans la direction de la porte de la rue de Sèvres, je rentre dans la partie principale du cimetière, et je trouve adossé contre le mur de clôture de l'est un très-joli monument funéraire en pierre, au dessus duquel est une urne cinéraire en marbre bleu turquin, dont le socle est en marbre blanc. Sur le socle de l'urne, du côté de l'occident, est écrit en lettres d'or :

CI-GIT
Octavie Zélie,
LENOIR
Décédée à l'âge de 18 ans
Le 21 Janvier 1813.

Dubois D. et S.

Passant,
Marche tout doux, parle tout bas,
Zélia repose.

A la façade occidentale de la tombe est attachée une plaque de marbre blanc sur laquelle on lit :

CI GIT

Octavie-Zélia LENOIR,

Fille d'Alexandre LENOIR,
Administrateur du Musée
Des monumens français,
Décédée à l'âge de dix-huit ans,
Le 21 janvier 1813.

Bonne Zélia,
Repose en paix;
Ton père, ta mère et tes amis
Ne t'oublieront jamais;
Ils t'aimeront toujours.

Adélaïde BINERT, ta mère,
Te consacre
Ce monument de sa douleur.

Au nord on lit sur l'urne :

A la bonne ZÉLIA,

Ut flos ante diem flebilis occidit.

Sur le socle de l'urne :

Bon jour, ZÉLIA,
Ton père, ta mère et tes amis
Te saluent.

Au midi, sur le socle de l'urne :

Dors ZÉLIA ;
Sommeil ou bonheur
C'est la même chose.

Cette tombe, dernier ouvrage de l'infortuné *Mariano*, dont nous allons parler ci-après, est d'une exécution fort gracieuse. Elle est en outre entourée d'un petit jardin fermé d'un treillage en bois. Des arbres verts, des rosiers, des lauriers et différentes sortes de fleurs décorent et ombragent ce jardin de la mort.

XVIII. A côté du tombeau de mademoiselle Lenoir, en remontant un peu au midi, est une autre tombe, en forme d'autel carré, debout et appuyé contre le mur de l'est. Cette tombe, construite en pierre, est surmontée d'une urne de même nature, sur le socle de laquelle on lit :

A L'AMITIÉ.

Sur l'urne :

Ils sont réunis pour l'éternité.

Sur la façade principale, et sur un marbre incrusté dans la pierre :

SANTI CIOSI dit *MARIANO*,

Tacellateur romain.

Ames sensibles versez une larme
Sur cette tombe.
Elle renferme les corps
De trois infortunés asphyxiés
Par la vapeur du charbon.

A L'AMITIE
Il sont réunis pour l'Eternité
SANTI GIOSI dit MARIANO
Sur cette Tombe
Elle renferme les Corps
le 19 Octobre 1813
Dont MARIANO

Dubois D.t et S.p

Cet événement funeste arriva
Le 19 octobre 1813,
Et laissa dans l'abandon
Et la plus profonde douleur,
Une mère et deux sœurs,
Dont MARIANO
Était le soutien,
Et faisait la félicité.
Ses vertus et ses rares talens
L'avaient rendu cher
A ses camarades d'atelier
Du Musée Napoléon,
Et du Musée des monumens français;
Qui lui ont érigé,
Ainsi qu'à son aimable sœur,
Et à son malheureux neveu,
Ce monument,
Faible marque de leur éternel souvenir.

Au midi on lit encore sur le socle de l'urne :

Fortunée GIOSI,
Sœur de MARIANO,
Agée de seize ans,
Née à Rome.

Et enfin, au nord, aussi sur le socle :

J.-B.-S.-Jules MUNERET,
Neveu de MARIANO,
Agé de sept ans.

Ce tombeau est, de même que celui de mademoiselle Lenoir, entouré d'un petit ardin. Au moment où nous étions occupé à relever les différentes inscriptions que nous venons de citer, un jeune homme de l'âge de vingt à vingt-cinq ans était occupé à arroser les fleurs et les arbustes qui les décorent. Nous l'avons interrogé, et nous avons su de lui qu'il était l'ami intime de Mariano. Depuis que les trois infortunés, renfermés sous cette tombe, ont été asphyxiés, ce jeune homme n'a jamais manqué de venir, au moins une fois par semaine, rendre une visite à ses anciens amis, et donner à leur jardin les soins qu'il réclame. Compagnon de Mariano, et ouvrier comme lui aux deux musées cités plus haut, c'est lui qui a sculpté cette tombe élevée à sa mémoire. Il projette de faire plus encore; il veut, quand ses talens lui auront fourni les moyens de se retirer à la campagne, il veut transporter avec lui et le tombeau et les restes inanimés de ses bons amis, et, dans la retraite qu'il se sera choisie, leur élever un monument plus digne d'eux, plus digne de la tendre amitié qu'il leur porte. Nous nous empressons de citer ce touchant exemple de la plus constante amitié.

XIX. En remontant au midi, et près du mur de l'est, on voit une espèce de pyramide, surmontée d'une croix, le tout en pierre, et accompagnée de cette inscription gravée sur la façade de l'ouest :

D. O. M.

HIC JACET

Anna Ludovicus-Alexander

De MONTMORENCY ROBECQ,

Splendore Natalium,

Dignitatibus militiæ atque aulæ

Ornatissimus.
His
Fortunæ donis
Accessére dotes propriæ:
Summa probitas,
Temperantia, æquanimitas:
Plenus virtutibus, meritis et annis
Ferè nonagenarius,
Obiit, 18 octobris 1812.
Flebilissimo conjugi
Conjux amantissima
Alexandrina-Emilia DE LA ROCHEFOUCAULT,
Mœrens posuit.

XX. En entrant par la porte de la rue de Vaugirard, à gauche, près le mur du midi, au dessous d'un maronnier, est une grande pierre debout, dans laquelle est incrusté un marbre noir, décoré de cette inscription en lettres d'or :

ICI REPOSE

Le docteur *Alphonse LEROY*,
Professeur
De l'École de médcine de Paris,
Ancien docteur-régent de la Faculté,
Décédé le 15 janvier 1816.
Madame D****,
Guidée par la reconnaissance
Et l'amitié,
Rend ce dernier hommage
A la mémoire
De cet infortuné,

Assassiné,
Pendant son sommeil,
A l'âge de soixante-seize ans.
Elle se plaît à graver sur le marbre,
Ce qui est gravé dans le cœur
De tous ceux qui l'ont connu
Et le regrettent.
Il fut toujours le père des malheureux
Et un ami sincère.

XXI. A droite de ce dernier tombeau, en se dirigeant vers le milieu du cimetière, sur une simple pierre debout, on lit :

Louise-François DOSSEUR,
Femme de Louis-François FOURNIER,
Contrôleur des postes,
Morte le premier octobre 1814.

Soumise, et chère à ses parens,
Fidèle épouse et tendre mère,
Elle touchait à peine au quart de sa carrière,
Quand la mort termina le cours de ses beaux ans.
A son époux, pleurant cette perte cruelle,
En vain tous ses amis disent pour l'adoucir :
« Nous pleurons avec vous, gardons son souvenir. »
De toutes les vertus elle fut le modèle;
Humble et simple pendant sa vie,
Sa vertu se montra sans éclat, sans effort :
Dieu, pour prix de sa modestie,
La rendit sublime à sa mort

XXII. En se dirigeant vers le midi, plus avant encore dans le cimetière, à gauche de l'allée, on remarque une tombe assez bien exécutée en marbre blanc. La façade principale est ornée d'une effigie en bas-relief. Au dessous est l'inscription suivante :

Marie-Antoinette-Josèphe

GARNAUT,

Épouse de F.-J.-M. JANETTY :

Repose en paix !
Repose, et repose à jamais !
Digne objet de tendresse, objet de tous nos pleurs,
Fallait-il donc, hélas ! qu'aux portes de la vie,
Par le trépas fatal tu nous fusses ravie ?
Qui pourra, désormais, adoucir nos douleurs ?
O reste précieux, que notre cœur honore,
Nous ne te verrons plus, et t'aimerons encore !

Repose en paix !
Repose, et repose à jamais !

XXIII. A gauche, à cinquante pas de la porte de la rue de Vaugirard, on remarque avec intérêt une pierre simple et modeste. Le nom qu'elle porte, et qui rappelle l'héroïsme d'une épouse et d'une mère, nous l'a fait observer avec attendrissement. Sur cette pierre simple on lit :

Louis-Achille-Honoré-Émile-Amédée

CHAMANS DE *LAVALETTE*,

Né le 17 septembre,

Mort le 13 novembre 1815.

Il a été

Frappé par le malheur

Dans le sein de sa tendre mère.

O vous qui, avec toute la France, avec l'Europe et l'univers entier, avez admiré le dévouement de l'Alceste française! vous qui avez compati à toutes les angoisses de son cœur, et qui les avez partagées, venez, pleurez avec nous sur la tombe de ce jeune enfant *frappé par le malheur dans le sein de sa mère!* Hélas! il n'est pas la seule victime que vous ayez à déplorer. Cette mère gémissante, qui devint bientôt héroïque épouse, n'a reçu de sa vertu qu'une triste récompense. Son courage ne s'était pas élevé si haut sans une exaltation surnaturelle, et cette exaltation a laissé après elle un redoutable ébranlement. Après avoir fait, d'une raison sublime, un plus sublime usage, elle a vu s'éteindre ce flambeau qui avait jeté tant d'éclat; et, du comble de l'héroïsme, elle est tombée dans la démence. Elle ne connaît plus cet époux qu'elle a sauvé aux dépens de ses jours; elle a même oublié le fils chéri qui, plus heureux qu'elle, dort sous ce tombeau: spectacle funeste et touchant qui inspire au philosophe un sentiment mêlé d'attendrissement et d'effroi. Madame de la Valette acheta, au prix de sa raison, l'acte qui l'a rendue l'honneur de son sexe et l'admiration de tous les âges.

XXIV. En face de l'enceinte de gazon, qui est au milieu du cimetière, on voit, adossée au mur de l'est, une tombe en pierre, entourée d'un petit jardin planté d'arbres verts, et fermé d'une grille en fer. Un marbre incrusté dans la pierre présente cette épitaphe:

CI GIT

J.-Ch. comte MOUNIER,

Lieutenant-général,

Pair de France,
Grand officier de la Légion-d'Honneur,
Chevalier de Saint-Louis,
Né à Cavaillon,
Département de Vaucluse,
Le 27 mars 17..,
Mort à Paris
Le 30 janvier 1816.
Pendant sept mois il défendit
Ancône;
En cinq jours il sut forcer
Vérone.

XXV. Sur une pierre droite, faisant face au nord, sur le côté, à gauche, en descendant, on lit :

CI GISSENT
Deux sœurs :

Marie-Charl. de FASSAUD,	Marie-Jeanne de FASSAUD,
Décédée à Paris	Décédée à Paris
Le 26 janvier 1816,	Le 14 février 1816,
Agée de 81 ans.	Agée de 83 ans.

La même foi
Et la même charité
Les avaient unies sur la terre;
La même espérance
Les y a soutenues;
La même récompense
Les aura couronnées,
S'il plaît à Dieu.

XXVI. A côté de la porte, un peu à gauche, est une pierre couchée sur laquelle on lit :

CI GIT

François LEBEUF,

Décédé le 4 floréal de l'an XI,

Agé de cent deux ans.

Nous avons cité ces deux derniers tombeaux comme présentant un rare exemple de longévité dans une ville où la plupart des morts sont prématurées.

XXVII. Le dernier citoyen remarquable qui ait reçu la sépulture au cimetière de Vaugirard est M. Dussault, ancien rédacteur du *Journal des Débats*, conservateur de la bibliothèque du Panthéon, littérateur distingué, critique célèbre; homme aimable et spirituel, chéri de tous ses amis, estimé de tous ses rivaux. Sa mort prématurée est une perte pour les lettres. On regrette que sa famille n'ait pas préféré pour sa dépouille, au triste et dégoûtant séjour de Vaugirard, le riant élysée du père La Chaise. Aucun monument ne fait encore reconnaître la fosse qui renferme les restes de M. Dussault.

Nous avons dit que depuis peu de temps le cimetière de Vaugirard était fermé, et que désormais le cimetière du Mont-Parnasse, autrement appelé *cimetière du Sud*, était destiné à le suppléer.

Le *cimetière du Sud* n'étant encore employé que depuis quelques semaines, ne donnera lieu à aucune observation.

CIMETIÈRE

DE

SAINTE-CATHERINE.

Le *cimetière de Sainte-Catherine* est situé dans la partie la moins peuplée du faubourg Saint-Marceau, dans la rue des Fossés-Saint-Marcel, à côté de celui connu autrefois sous le nom de *Clamart*. Celui-ci, dans le temps qu'il était ouvert, était un de ceux où la mort envoyait un plus grand nombre de victimes; car il était particulièrement affecté à la sépulture des individus décédés dans le grand hôpital de l'Hôtel-Dieu. Fermé depuis 1793, il a été remplacé par celui qui nous occupe. Mais telle est la rapidité avec laquelle le trépas promène sa faux meurtrière dans la capitale, que ce nouveau cimetière, qui n'est pas, il est vrai, très-étendu, a été bientôt encombré; il a fallu le fermer comme le cimetière de Clamart qui l'avoisine. Vaugirard, agrandi vers la même époque, a recueilli son héritage; mais ce dernier ayant été fermé lui-même depuis quelque temps, tous les quartiers méridionaux de Paris vont réunir désormais leurs pertes dans le nouveau *cimetière du Sud*, plus vaste à lui seul que les deux enclos auxquels il succède.

Situé au milieu d'un quartier pauvre, ce cimetière contient encore bien moins de tombes remarquables que celui de Vaugirard. Une autre cause que la pauvreté du quartier qui l'entoure, a pu aussi contribuer à cette stérilité que n'offrent pas les autres cimetières. Ceux qui, suivant les inspirations de la douleur, de l'amour-propre et quelquefois de la seule bienséance, érigent aux personnes qu'ils ont perdues des tombes monumentales, ont tous plus ou moins le désir que ces tombeaux aient une durée certaine; or, personne n'ignorait que l'intention du gouvernement était de ne laisser aucun cimetière dans l'intérieur de la capitale. On avait donc prévu que celui de Sainte-Catherine, le seul qui fût encore dans l'enceinte de Paris, ne subsisterait pas long-temps, et qu'une époque peu éloignée viendrait où les cendres qui y sont renfermées seraient troublées, les tombeaux détruits ou transportés ailleurs. Cette considération a pu détourner plusieurs des personnes voisines du cimetière d'y laisser déposer les restes de leurs parens ou des amis auxquels elles destinaient des monumens funéraires.

Parmi les tombes plus que modestes que l'on rencontre au cimetière de Sainte-Catherine, nous allons, de même que nous l'avons fait pour les autres cimetières, citer celles qui nous ont paru mériter quelque intérêt, par leur construction, les épitaphes qui les décorent, ou par les noms recommandables qu'elles présentent à l'attention du voyageur.

I. Quel tombeau se trouve à droite, presqu'au milieu du premier groupe? Il est construit en pierre ordinaire à

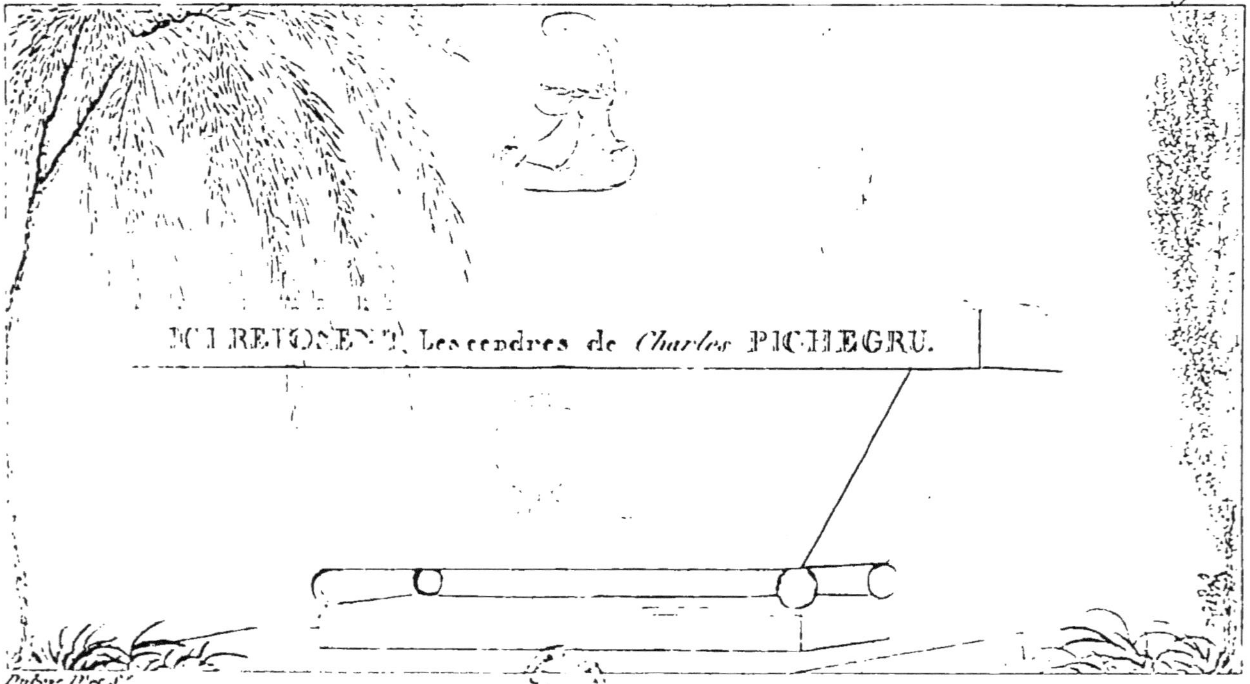
ICI REPOSENT Les cendres de Charles PICHEGRU.

bâtir, élevé sur une estrade de trois marches. On voit au dessus une espèce de trophée militaire formé d'un casque, d'un boulet et de deux épées en croix. Aux quatre coins de cette tombe, sont encore en relief, sur la pierre, des épées en croix. Sur la façade principale est gravée cette inscription ;

ICI REPOSENT

Les cendres de *Charles* **PICHEGRU**,
Général en chef
Des armées françaises,
Né à Arbois, département du Jura,
Le 14 février 1761,
Mort à Paris le 5 avril 1804.
Élevé par la piété filiale.

Sur le façade qui regarde la porte, on lit:

La première pierre
a été posée
Par mademoiselle Élizabeth PICHEGRU.

Ainsi, dans un asile ignoré, au sein d'une terre obscure, repose le vainqueur, le conquérant de la Hollande, l'un de ceux qui instruisirent nos armées à vaincre, et fortifièrent en eux la conscience de cette valeur qui depuis a laissé des souvenirs dans toute l'Europe. Comment un si habile capitaine est-il mort dans une prison, comme un obscur malfaiteur? C'est au génie des révolutions qu'il faut demander la solution de cette fatale énigme. Lui seul peut expliquer les crimes politiques, et leur alliance avec la bravoure, la générosité et toutes les vertus personnelles. Pichegru manqua de franchise et de courage ; il ne sut point embrasser ouvertement un parti ; tandis que sa bouche restait fidèle à une cause, ses actions en servaient une autre. Pichegru voulut ensuite renverser par la force le parti qu'il avait trahi après lui avoir consacré ses talens et son sang. Il conspira la ruine d'une autorité reconnue alors par la France et par l'Europe. La victoire seule peut légitimer de telles tentatives. Pichegru fut vaincu. Peut-on s'étonner encore de sa fin ?

Le monument élevé à sa mémoire dans le cimetière de Sainte-Catherine est dû à la piété filiale de mademoiselle Élizabeth Pichegru ; il honore la fille et le père.

Le gardien du cimetière nous a assuré que les cendres de Pichegru ne reposaient pas seules sous ce tombeau. Celles de Georges Cadoudal et des autres prévenus de la conspiration de 1804 y reposent également. Les corps de ces victimes du royalisme furent tous jetés pêle-mêle dans une fosse commune à côté du vainqueur de la Hollande.

II. A droite, en entrant, une simple pierre porte ces vers gracieux et l'inscription qui les suit :

Ci gît la moitié de moi-même :
Poursuis ta route, ô voyageur !
Et demande au ciel que ton cœur
Ne perde jamais ce qu'il aime.

A.-F.-J. GOUZAY,

Dame BACOT,

Décédée le 10 décembre 1810.

III. Sur la gauche, au milieu d'un groupe de tombes,

on remarque une colonne en marbre noir, surmontée d'une urne en marbre blanc. Sur la colonne, est cette épitaphe un peu satirique gravée en lettres d'or :

CI GIT

Charles ***DEVILLIERS***,

Maître en chirurgie,

Décédé le 30 juillet 1812.

Carolus infelix filius creavit.

Du fond de son cercueil, vous que Charles contemple,
Gens opulens, qui n'êtes bons à rien,
Prosternez-vous et suivez son exemple,
Il ne fut jamais riche, et fit toujours du bien.

IV. Du côté du nord, on trouve adossée au mur une simple tombe qui est la seizième de la rangée. Elle porte pour inscription :

Optimis parentibus
Hic
Simul consepultis
Exiguum magnæ
Pietatis
Monumentum
Erexit
J. C. J. ***LUCE*** *de* ***LANCIVAL***,
Rethoricæ professor
In
Lycæo Parisiensi
Anno 1803.
Requiescant in pace.

V. A droite, en descendant, est une tombe recouverte d'un marbre blanc sur lequel on lit :

NEVEU,

Professeur de dessin,

A l'École polytechnique,

Mort le 7 août 1800.

Il fut à nous ;
Il est à Dieu.

Sa femme et ses enfans.

VI. Au fond du cimetière, à gauche, en entrant dans la seconde enceinte, est une tombe en pierre adossée contre le mur de clôture, et surmontée d'une urne aussi en pierre. Cette tombe est précédée d'un petit jardin qui paraît avoir été long-temps cultivé avec beaucoup de soin. Il est tapissé de violettes blanches, et ombragé par plusieurs arbres verts. Ce simple monument de la tendresse et des regrets d'un père et d'une mère présente au lecteur cette épitaphe :

Marie-Pauline CHIMALLER,

Agée de cinq ans.

A peine cinq printemps vécut notre Pauline ;
C'était le gage heureux de l'hymen le plus doux.
Chacun aimait son air et sa grâce enfantine :
Ah ! de notre bonheur, le destin fut jaloux.

VII. A droite, en entrant, on remarque une tombe carrée en pierre, sur laquelle on lit cette épitaphe d'un respectable ecclésiastique :

M. LACHI,

Curé de Saint-Médard,

Décédé

Le 4 mars 1813.

Chéri de Dieu
Et des hommes,
Ses paroissiens
Lui ont décerné
Ce monument.

VIII. Du côté de l'est, en entrant, et à droite du ombeau de Pichegru, est une pierre simple, sur laquelle on remarque un nom que nous croyons avoir appartenu à un parent du célèbre poète Ducis, mort, il y a neuf ans, à Versailles, sa patrie. Voici l'épitaphe que présente cette tombe modeste :

CI GIT

Georges DUCIS,
Doyen des juges
De la cour d'appel
De Paris.

Il fut distingué
Par son intégrité
Et ses lumières.

Il mourut le 24 novembre
1811.

Requiescat in pace.

IX. A l'ouest, presque en face du monument érigé à

la mémoire du général Pichegru, on rencontre un tombeau de forme carrée, en pierre, recouvert en forme de toit. Sur la façade qui regarde l'orient, sont sculptées, dans un médaillon en creux, deux figures autour desquelles on lit :

Clément-Louis-M.-A. BELLE.
G.-M.-G. DE ROSSI.

Au bas du médaillon est écrit :

Vivans,
De tous honorés, chéris;
Morts,
De tous regrettés.

Sur la façade du midi :

CI GIT

Clément-Louis-M.-A. BELLE,
Peintre, professeur,
Recteur,
Des écoles spéciales de peinture,
Sculpture et architecture ;
Inspecteur de la manufacture
Impériale et royale
Des Gobelins,
Professeur de dessin
A ladite manufacture.

Né à Paris,
Le 16 novembre 1722,
Et décédé aux Gobelins
Le 22 septembre 1806.

Près de lui repose
G.-M.-G. DE ROSSI,
Née à Rome,
Le 19 novembre 1736,
Et décédée aux Gobelins
Le 26 germinal an II,
15 avril 1801.

Sur la façade de l'ouest est un autre médaillon, aussi sculpté en creux, et représentant un pélican qui se perce le ventre avec son bec pour nourrir, de son sang, ses petits qui l'entourent. Au dessus de ce médaillon est écrit :

Pour conserver les jours
De leurs enfans,
Ils auraient sacrifié
Les leurs.

Au bas du médaillon on lit encore :

A.-M.-I.-S. BELLE,
Leur fils aîné,
Mort à quinze ans.

Enfin, sur la façade du nord, on lit cette dernière inscription :

Ce simple monument
De la reconnaissance
Et de la piété filiale
Leur fut érigé,
En 1809,
Par
A.-G.-L. BELLE, peintre,

M.-A.-N. BELLE, veuve CHAMBRY,

A.-M.-J. CHAMBRY,

P.-L. CHAMBRY,

A.-G. CHAMBRY,

Leurs enfans

Et petits enfans.

Une remarque que nos promenades au cimetière de Sainte-Catherine nous ont mis à même de faire, c'est qu'on y trouve beaucoup plus de tombes érigées à des femmes qu'à des hommes. Nous ignorons quelle peut en être la cause. Sur cent tombes, quatre-vingts au moins sont consacrées à des femmes; mais ces tombes sont tellement vulgaires que, sur le nombre, deux seulement nous ont paru dignes d'attention.

Nous terminerons ici l'histoire et la description des quatre grands cimetières de Paris. Créés seulement depuis environ trente ans, ils figurent déjà parmi les établissemens les plus curieux de la capitale, en raison de la diversité des monumens funéraires qu'ils renferment. Que sera-ce donc quand la population d'un siècle sera venue s'engloutir dans ces lugubres enceintes? Mais nous le répétons avec regret, l'imprévoyante négligence avec laquelle les tombeaux, même les plus remarquables, sont bâtis, s'opposera toujours à ce que les dépôts cinéraires de Paris puissent prendre, par la suite, un caractère

Dessiné et Gravé par Ambroise Tardieu.

FAMILLE PERRÉGAUX.

Dessiné et Gravé par Ambroise Tardieu.

FAMILLE BOODE

de durée qui prolongerait l'intérêt qu'ils inspirent. Vous, qui voulez éterniser la mémoire des personnes que vous regrettez, surveillez sans relâche les architectes et les ouvriers employés par vous à élever les monumens de votre douleur. Autrement, vous verrez bientôt s'écrouler et se détruire la tombe de vos pères, de vos enfans, de vos épouses; et le voyageur qui, comme nous, visitera ces ruines anticipées, déplorera la triste destinée de l'homme qui, malgré la pierre ou le marbre, ne peut se dérober seulement quelques années à la loi générale de la destruction.

Le croira-t-on? Des malfaiteurs, non contens de dépouiller les vivans, spéculent aussi sur le luxe des tombeaux; la dernière demeure de l'homme n'est pas même respectée par eux. Différens vols d'objets d'art, tels que des bronzes et des dorures, ont forcé l'administration des cimetières d'entretenir dans leurs enceintes d'énormes dogues, fidèles gardiens des restes de l'homme, et qui, plus que lui, semblent vénérer cette terre sépulcrale. Renfermés pendant le jour, ces chiens parcourent en liberté les cimetières pendant la nuit, et leurs sinistres aboiemens effraient les voleurs qui pourraient tenter de franchir les murs de ces nouveaux élysées pour s'enrichir des dépouilles des morts; et cependant, malgré ces précautions mêmes, des malfaiteurs sacriléges sont parvenus à tromper ou à endormir ces cerbères. En parcourant les cimetières, nous avons remarqué plusieurs tombeaux dont les ornemens en bronze ou en cuivre dorés avaient été arrachés avec violence. Le cimetière du père La Chaise présente surtout plusieurs exemples de ce genre de dévastation, et cette violation des choses les plus sacrées a laissé, malgré nous, dans notre cœur, une impression pénible et bizarre. Le seul être qui se vante d'être doué de raison ne respecte pas l'éternel sommeil de son semblable. Quel nom mérite une civilisation qui n'a point assez d'empire pour nous conserver fidèles au plus naturel intérêt, à celui qui ne s'est jamais éteint dans le cœur des animaux les plus sauvages et des plus grossières peuplades ? Les animaux respectent les cadavres de leurs frères.

Par un autre effet de l'inconcevable facilité avec laquelle l'homme s'habitue et se livre aux émotions les plus contraires, des cafés et des guinguettes ont été placés aux environs des cimetières. Souvent la plupart des hommes du peuple, qui sortent de ces enceintes funéraires, se rendent dans ces lieux de plaisirs ; le vin et la bonne chère dissipent bien vite la mélancolie que la vue des tombeaux leur a passagèrement inspirée. Après avoir foulé aux pieds la cendre de leurs amis, de leurs parens, on les voit se réjouir ; une philosophie singulière semble les inviter à passer gaîment les jours qui leur restent, jusqu'au moment où ils viendront eux-mêmes se rendre dans la fatale voiture au rendez-vous général.

Dans cette grande cité où la civilisation est, dit-on, parvenue à son plus haut période, on sait moins que partout ailleurs s'acquitter du tribut de respect que tout homme vivant doit à la cendre de son semblable. Tout le monde connait l'usage qui existe à Paris d'inviter les parens, les amis du mort, à honorer de leur présence son convoi funèbre. Souvent, parmi le peuple, on fait de cette lugubre cérémonie une partie de plaisir. On dit, mais nous n'osons le croire, que, particulièrement au cimetière du père La Chaise, il est d'usage, dans les classes populaires, de se rendre, à la fin de la cérémonie funèbre, dans les guinguettes voisines, et là, de célébrer à table, et dans un repas souvent commandé d'avance, les vertus et les qualités de la personne dont ont on pourrait déplorer autrement la perte. Cette coutume, qui rappelle un usage adopté par quelques peuplades sauvages, est, pour des chrétiens, absurde et scandaleuse.

C'est surtout le dimanche que les gens du peuple de la capitale se rendent aux différens cimetières qui l'entourent. Ils y vont comme à la promenade, et il n'est pas rare de lire et la joie et le contentement sur leur figure. Mais il est pourtant une époque de l'année où la piété seule amène toutes les classes à ce rendez-vous funèbre. Nous voulons parler du jour de *la commémoration* ou *fête des morts* qui a lieu le 2 novembre, et qui est consacrée par l'église à célébrer la mémoire des morts.

Ce jour-là, les pélerinages ont quelque chose d'imposant, de solennel, dont le spectacle ne peut manquer de de laisser dans l'âme des émotions vives et profondes. Une foule innombrable de tout âge et de tout sexe se presse dans les étroites rues qui avoisinent les champs du repos; presque tous sont vêtus de noir et dans une attitude décente et recueillie. Le jour sombre et presque toujours pluvieux, les arbres jaunis et dépouillés de leurs feuilles, la situation lugubre et pittoresque de ces enclos parsemés de monumens, le souffle de la bise, dont le bruit se prolonge le long des avenues de cyprès, tout inspire une tristesse qui n'est pas sans charmes. On découvre çà et là des promeneurs occupés à lire les inscriptions, les unes presque effacées par le temps, d'autres plus nouvelles, mais non moins touchantes. Ici, c'est une jeune fille qui, après s'être introduite dans un modeste espace, dernière demeure de sa mère, arrose, cultive ou renouvelle des fleurs; là, entre les monumens de Delille, de Boufflers, de Grétry, l'ami des arts se promène en rêvant; comme les soldats du maréchal de Saxe, il semble chercher à puiser, dans ces poussières éloquentes, quelques étincelles des flammes dont elles étaient jadis animées; partout le recueillement et le respect sont empreints sur les visages.

Des marchandes de bouquets, installées aux portes du cimetière, procurent des fleurs aux personnes qui veulent honorer le tombeau de leurs parens, celui de leurs amis, celui des bienfaiteurs de l'humanité. Bientôt une grande partie des monumens se couronne d'immortelles, est parsemée de feuilles de rose. Ces fleurs, par les images douces et gracieuses qu'elle présentent forment un heureux contraste au milieu de ce spectacle naturellement lugubre, et changent en mélancolie agréable les sentimens trop pénibles que le sombre appareil du lieu ferait naître.

Plusieurs poètes ont décrit en beaux vers le spectacle que présente un cimetière le jour des morts. Nous citerons particulièrement Fontanes et Delille. Le lecteur nous saura gré de terminer ainsi cette promenade aux divers cimetières de Paris.

Quel spectacle! d'abord un sourd gémissement
Sur le fatal enclos erre confusément.
Bientôt les vœux, les cris, les sanglots retentissent;
Tous les yeux sont en pleurs, toutes les voix gémissent;
Seulement j'aperçois une jeune beauté
Dont la douleur se tait et veut fuir la clarté:
Les larmes cependant coulent en dépit d'elle;
Son œil est égaré, son pied tremble et chancelle.

Hélas ! elle a perdu l'amant qu'elle adorait,
Que son cœur, pour époux, se choisit en secret ;
Son cœur promet encor de n'être point parjure.
Une veuve, non loin de ce tronc sans verdure,
Regrettait un époux, tandis qu'à ses côtés,
Un enfant qui n'a vu qu'à peine trois étés,
Ignorant son malheur, pleurait aussi comme elle.
Là, d'un fils qui mourut en suçant la mamelle,
Une mère au destin reprochait le trépas,
Et, sur la pierre étroite, elle attachait ses bras.
Ici, des laboureurs, au front chargé de rides,
Tremblans, agenouillés sur des feuilles arides,
Venaient encor prier, s'attendrir dans ces lieux
Où les redemandait la voix de leurs aïeux.

Fontanes, *Journée des morts.*

....

Ce n'est donc pas en vain que l'humanité sainte
Des tombeaux en tous lieux a consacré l'enceinte.
Protéger les tombeaux, c'est honorer les morts ;
Et ce culte sublime, en consacrant leurs corps,
Maintient leurs volontés, impose au sacrilége,
Qui, bravant du trépas l'auguste privilége,
Outrageant et la tombe, et la terre et les cieux,
De la mort libérale ose tromper les vœux :
Homicide attentat, dont l'avide imprudence,
Détruisant le bienfait, détruit la bienfaisance,
Ravit à la bonté l'espoir d'un souvenir,
Et par l'ingratitude appauvrit l'avenir.
Eh ! sans ce long respect, ce culte salutaire,
Qui des races transmet le culte héréditaire,

Que seraient les mortels? Les siècles passagers
Périraient sans retour, l'un à l'autre étrangers.
Ainsi du peuple ailé les familles légères,
Vagabondes tribus, sans aïeux et sans frères,
Méconnaissent leur race au sortir du berceau.
Mais du sein de la nuit et du fond du tombeau,
Un cri religieux, le cri de la nature,
Vous dit : « Pleurez, priez sur cette sépulture :
Vos parens, vos amis dorment dans ce séjour,
Monument vénérable et de deuil et d'amour.
Ces êtres consacrés par les devoirs suprêmes,
Honorez-les pour eux, pour l'état, pour vous-mêmes. »
Ainsi le dogme saint de l'immortalité
Recommande notre ombre à la postérité;
Ainsi, prêtant sa force au saint nœud qui nous lie,
Le respect pour les morts gouverne encor la vie.

Aussi, voyez comment l'automne nébuleux,
Tous les ans, pour gémir, nous amène en ces lieux
Où des siècles humains que les temps renouvellent,
Les générations en foule s'amoncellent;
Où l'âge qui n'est plus attend l'âge suivant,
Où chaque grain de poudre autrefois fut vivant!
Là, des cœurs attendris écoutant le murmure,
La foi vient recueillir les pleurs de la nature.
Cette religion, dont les austères lois
Quelquefois du sang même ont étouffé la voix,
Aujourd'hui visitant les funèbres enceintes,
Entre l'homme vivant et les races éteintes,
Réveillant de l'amour les pieuses douleurs,
De la mort elle-même emprunte les couleurs;
Ce n'est plus son habit, ses hymnes d'allégresse,
C'est sa robe de deuil et ses chants de tristesse.

Hélas ! quand ses élus, au gré de leurs désirs,
S'enivrent à longs traits des célestes plaisirs,
Pour leurs frères souffrans, mère compatissante,
Elle élève vers Dieu sa voix attendrissante ;
Dieu reçoit de ses mains l'holocauste d'un Dieu.
Pour courir aux tombeaux tous sortent du saint lieu ;
Aucun ne se méprend, chacun connaît la pierre
Où tout ce qu'il aima repose sur la terre,
Et le tertre modeste où gît l'humble cercueil,
Et la croix funéraire, et l'if ami du deuil,
Qui, protégeant les morts de son feuillage sombre,
A l'ombre des tombeaux aime à mêler son ombre.
Dieu ! sous combien d'aspects, dans ce triste séjour,
Se montrent les regrets, la douleur et l'amour !
Là, les cheveux épars, la sœur pleure son frère ;
Hélas ! trop tôt ravie aux baisers de sa mère,
Une vierge a subi son précoce destin :
Un jour, par ses accens, précurseurs du matin,
Pour les travaux du jour le coq l'eût éveillée ;
Le soir, par ses chansons, égayant la veillée,
Au bruit de la romance et des vieux fabliaux,
Elle eût tourné la roue et roulé les fuseaux !
Ailleurs, un faible enfant, d'une mère chérie,
Sans connaître la mort redemande la vie.
Plus loin, chauve et courbé, ce vieillard pleure assis
Entre le corps d'un père et la tombe d'un fils ;
Et par ses cheveux blancs averti d'y descendre,
Déjà choisit sa place à côté de leur cendre.
Approchez : là, repose un héros villageois
Qui laissa ses sillons pour les drapeaux des rois ;
Le trépas, au hasard, peuplant son noir royaume,
L'oublia dans les camps et le prit sous le chaume ;

Tout le hameau le pleure : il ne contera plus
Les grands coups qu'il porta, les hauts faits qu'il a vus.
Quelle est, sur la hauteur, cette tombe isolée,
Où s'empresse, à grands flots, la troupe désolée ?
Ah ! c'est de leur pasteur le monument pieux ;
Leur espoir sur la terre, il l'est encore aux cieux.
L'ami pleure un ami, l'époux pleure une épouse ;
Hélas ! de leur bonheur la fortune jalouse
A peine encor formés a brisé leurs doux nœuds ;
Elle expire, et son fils, ô destin malheureux !
Ce fils, à qui jamais ne sourira son père,
Meurt, avant d'être né, dans le sein de sa mère :
Tel le bouton naissant se fane avec la fleur.
Partout les cris du sang et les larmes du cœur,
Les cités, les hameaux, les palais, les cabanes,
Tous ont leurs morts, leurs pleurs, leurs cercueils et leurs mânes;
Durant le jour entier, les soupirs, les sanglots,
Roulent de tombe en tombe et d'échos en échos.
Souvent on croit ouïr des voûtes sépulcrales
De lamentables voix sortir par intervalles.
Soudain la scène change : ô surprise ! ô transport !
Je vois planer la vie au dessus de la mort :
Son empire est fini. Dans sa sombre retraite,
J'entends, j'entends sonner la terrible trompette.
Partout, avec ces mots, court l'espoir et l'effroi :
« Vieux ossemens, vivez ; poudre, réveille-toi ! »
Et déjà l'Éternel prépare en ses justices
Le lieu des châtimens et le lieu des délices ;
Mais, avant ce grand jour, reçois, Dieu de bonté,
Les vœux de la faiblesse et de l'humanité.
Peux-tu refuser grace aux erreurs d'une vie
Si chèrement payée et si vite ravie ?

Dieu puissant, dis un mot, leurs crimes ne sont plus;
Dieu, rouvre les tombeaux, et reprends tes élus:
Qu'ils te parlent pour nous; que, de leurs rangs suprêmes,
Ils contemplent les maux qu'ils connurent eux-mêmes,
Et qu'ainsi soient unis, par d'invisibles nœuds,
Et la vie et la mort, et la terre et les cieux.........

Poëme de l'*Imagination*.

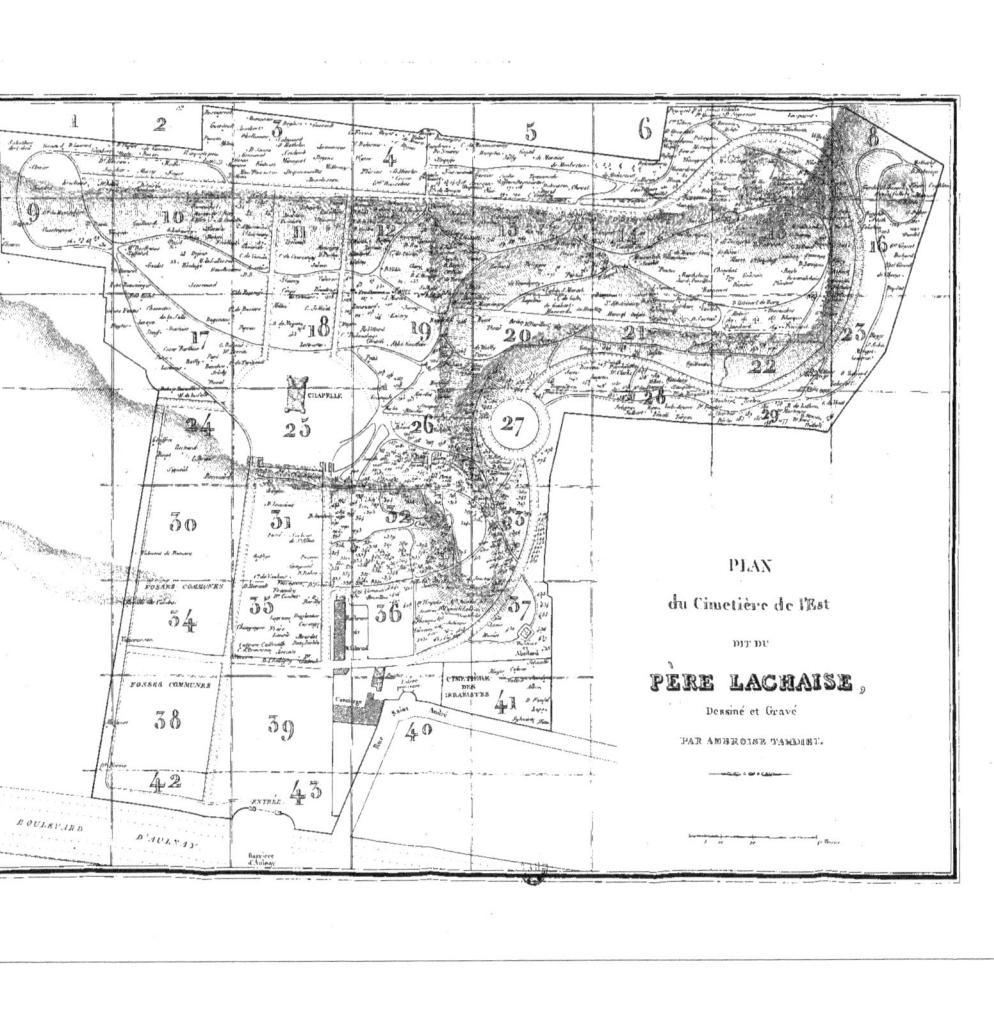

PLAN
du Cimetière de l'Est
DIT DU
PÈRE LACHAISE,
Dessiné et Gravé
PAR AMBROISE TARDIEU.
CHAPELLE
FOSSES COMMUNES
FOSSES COMMUNES
CIMETIÈRE DES ISRAÉLITES
ENTRÉE
BOULEVARD D'AULNAY
Barrière d'Aulnay
Rue Saint André

PLAN

DU CIMETIÈRE

DU PERE LACHAISE.

TABLE ALPHABÉTIQUE ET INDICATIVE des lieux où sont placés les Tombeaux.

Nota. Le numéro placé à gauche de chaque nom correspond à celui du carré dans lequel son monument est placé sur le plan. Le numéro à droite de chaque nom se trouve dans le carré indiqué par le numéro de gauche, et sert à retrouver sur le plan la place des tombeaux, que la petite échelle du plan a empêché d'indiquer par leurs noms.

37 Abélard.
27 Abel de Pujol.
13 Aboville (d').
12 Abrantès.
12 Adanson.
32 Adet 358
33 Admirat 443
10 Affry (d')
21 Agasse 158
31 Agay (d'). 298
19 Alexandre 126
41 Alkan.
37 Allaire.
32 Allent. 356
36 Alvaro.
3 Amabert.
31 Aufrye.
26 Anglade (d'). 232
12 Angosse (d').
12 Anjorrant.
4 Anisson Dupéron.
4 Anselme (d').
22 Anthoine. 174
31 Apraxin. 346
33 Arberg (d'). 415
32 Arconati. 309
4 Arneya (d'). 16
10 Arnoux.
11 Asseline.
12 Asthcley.
32 Aubrion. 324
5 Audiffret (d).
12 Auriol (d'). 48
32 Aury-Colombel. 300
21 Autichamp (d').
20 Avenel.
6 Babut.
32 Baculard d'Arnaud. 308
17 Bailly.
22 Baraguey.
26 Barascud.
31 Bardet. 290
35 Barilli.
20 Barillon (mlle.)
6 Barillon.
19 Bache. 114
32 Baron. 266
2 Baron.
32 Barnouin.
16 Barry.
14 Barthelmy.
7 Barthelmy.
8 Barow.
37 Bataille. 438
19 Bauvilliers.
18 Bavière (de).
13 Bayane (de). 58
19 Bayard de Plainville. 112
12 Bayart (famille).
15 Bayle.
7 Bazouin (famille).
11 Beaudeux.
31 Beaufils. 332
14 Beauharnais (de).
15 Beaumarchais (de)
27 Bédel. 282
28 Bédoyère (de la).
12 Bejot.
21 Béjot. 148
26 Bellanger. 215
12 Bellart.
1 Bellay.
7 Belleville (de).
15 Benneville (Ch)
26 Bérard. 247
5 Béraud.
12 Berckeim.
32 Bergon. 267
7 Bernuy (Jamain).
26 Bernardin de St-Pierre. 243
32 Bethfort. 255
31 Berthaud. 296
32 Berthereau. 301
32 Berthier (Léop.) 250
13 Berthier (dlle.)
17 Berthier (César).
29 Berthollet. 119
9 Bertin. 27
29 Bertin.
29 Bertin. 176
24 Bertrand.
26 Berwick.
15 Beurnonville. 95
25 Béthune (de).
32 Bezodis.
26 Biauzat. 205
16 Bidault.
7 Bidermann. 25
32 Billon. 381
24 Binet.
15 Biron (de).
28 Biron.
20 Bizet.
33 Bizouard. 400
22 Blacque.
19 Blagden.
26 Blanchard. 195
26 Blandin.
25 Blavette. 190
31 Bobée.
2 Bodin.
15 Boisgelin (de).
2 Boissart.
7 Boissier.
3 Boituzet.
14 Boode.
21 Bonnaric.
16 Bonjour.
22 Bonnefoi. 171
14 Bonnomet.
32 Boquestant (de).
11 Bordin. 40
33 Borel. 445
26 Boiy. 262
22 Boscheron.
26 Bosquillon. 198
33 Bossi.
32 Bosson.
13 Boubers (de). 74
18 Bouchage (du).
15 Boucher (aîné).
15 Boucher (jeune).
17 Boucher.
13 D. Boucher. 80
19 Bouchez. 117
28 Boudé.
26 Boudet.
26 Boufflers (de). 210
33 Bougy (de). 323
13 D. Bouillette. 64
26 Boulade. 244
10 Boulage.
22 Bourdelet.
35 Bourdet.
12 Bourges (de).
6 Bourguignon.
7 Bourcke.
32 Bourlet de Vaucelles.
22 Bousquet.
22 Boyer de Rebeval.
1 Brandon.
33 Bretin d'Aubigny. 390
29 Breton.
29 Brézin.
13 Bricogne.
20 Brion.
22 Brochant. 265
6 Brochant de Villiers. 2
26 Brongniart. 217
29 Bronner Mars.
16 Brossin St-Didier.
20 Brouillet. 133
12 Browne.
4 Broges.
27 Brune.
24 Bruix.
6 Buikelley.
32 Bureau. 349
27 Butler. 274
13 Cabin St-Marcel.
14 Cadet-Gassic. 80
37 Caboche.
29 Caillat. 181
21 Caille.
3 Callamard.
15 Callyot.
37 Calmer.
15 Cambacérès.
14 Camille-Jordan.
4 Campo d'Alang. 15
26 Capet. 207
31 Capperonnier. 291
36 Carcenac.
35 Caronge.
12 Cart.
21 Garton.
41 Carvalho.
12 Cassas.
32 Castelcicala. 370
10 Castella.
27 Castries. 279
12 Castro.
35 Catteau-Calleville
12 Cavaignac. 50
19 Cauvin.
36 Célerier. 419
11 Cely (Eon de).
4 César.
26 Chabot de l'Allier. 221
35 Chabrol.
6 Chagot de Fays.
35 Champagne.
12 Champcenetz.
2 Chanlaire.
33 Chapelle. 387
21 Chappe.
36 Charbonnet. 416
26 Charbonnières.
13 Charlard.
29 Charlus.
32 Chassevent. 312
9 Chasteignier.
32 Chasteloger.
19 Chastenoye. 111
37 Chataux. 432
17 Chaumeton.
35 Chavigny.
25 Chazerain. 191
9 Chemin.
26 Cheminot.
26 Chenier. 246
26 Chénier. 248
19 Chéradame. 115
5 Cheval.
7 Choller.
6 Chrétien de Libus.
33 Chrétien. 446
32 Cinot. 305
6 Clairet. 4
26 Claparède. 192
7 Clarac.
21 Clarcke.
11 Clary.
1 Clavier.
13 Claye.
25 Clément de Blavette. 190
32 Cochard. 351
8 Coghlan.
32 Coigny. 343 et 344
12 Coisin.
37 Colbert. 435
15 Collaud.
3 Collet.
15 Colloredo.
36 Colmet de l'Epinay. 428
18 Colmiers.
27 Colon. 261
15 Combas.
13 Combes.
36 Comminges. 423
7 Compans.
19 Constantin. 124
26 Contades. 233
35 Contat.
19 Contat.
31 Corbeau de St-Albin.
26 Cordier. 196
28 Coroller. 152
33 Cornu de la Fontaine. 218
12 Corot
19 Corsse. 123
27 Cottat. 283
15 Cottin.
3 Coulomb.
11 Coupé.
4 Courcelles. 20
11 Courcenay.
21 Coutanceau. 144
12 Courtin.
26 Courval. 253
27 Coutier 275
6 Craufurt. 6
31 Crissé. 331
27 Crouzet. 260
14 Cuvelier de Trie. 80
20 Crussol. 137
7 D'Abbadie.
26 Dadvizard. 236
17 Dagonaus.
37 Dallemagne. 431
4 Dalton. 18
14 Damas-Crux.
15 Damême. 14
32 Dandignac. 372
7 Dangirard.
32 Darbonne.
16 Dardel.
6 Darte. 9
11 Davella.
3 Davin.
5 David.
32 David. 308
18 Davous.
15 Davout.
5 Dauptin.
11 D. B.
27 Deal.
3 Decquevauvillers.
22 Debray. 184
15 Decrès.
13 Dehan. 81
10 Dejean.
3 Dejoux.
8 Delacour.
26 Deladreue. 230
13 Delahaye. 72
33 Delahaye. 444
2 Delaistres.
31 Delambre.
17 Delasalle.
21 Delcro.
26 Deleau. 225
7 Delépine.
26 Delille.
9 Delmas.
32 Delondres. 353
4 Delorme.
15 Demidoff.
5 Demoraine.
20 Denis de Villières. 142
10 Denisot.
13 Desaint.
36 Desaix. 368
22 Désanges.
22 Desbarolles. 162
3 Descloseaux.
22 Descombes.
32 Descotils. 365
16 Desfammes.
10 Desfrancs.
2 Desmarest.
4 Desnoyers.
26 Despaux. 206
33 Desplaques. 439
22 Deux amis (sépult. pour deux) 163
26 Devaux.
33 Devins de Fontenay 406
3 Devins de Fonten:
41 Diaz.
27 Dillon. 203
33 Dominière. 413
31 Dormer. 295
32 Douaud. 305
32 Dousse. 367
7 Dreyer.
31 Drouet de Santerre. 293
13 Droz. 63
24 Dubois Thainville
31 Dubouzet. 330
5 Dubuisson.
36 Duchesne.
32 Duclos. 345
33 Dufour. 403
26 Dufourny. 224
6 Dufresne (Triquillier) 1
12 Dufresne.
26 Dugazon. 248
21 Duhoulley.
32 Dukermont. 363
31 Dulau-Dallemans.
3 Dumanoir Toust.
12 Dumont, sculpt.
7 Dumont.
10 Dumouchel.
15 Dumuy.
15 Duplantier.
16 Dupaty.
16 Dupont.
26 Duport. 245
20 Dupuytren.
19 Durand. 134
20 Durecu.
26 Durst. 240
26 Dusaillant. 227
29 Dutheil.
33 Dutour. 411
17 Duval.
32 Duvernay. 304
17 Duvivier.
15 Eckmülh.
26 Ecquevilly.
3 Eglise (d').
12 Elisa.
9 Elysée (père). 29
19 Emmeri.
36 Epinay (veuv.) 428
18 Essarts (des). 105
7 Escherny.
14 Espagnac.
37 Espagne (d').
12 Esparron. 41
7 Espine (de l').
21 Eymar (d'). 150
22 Eyssautier.
4 Fabrègue.
31 Faget de Faure 288
25 Faidy. 288
12 Faivre.
32 Favre.
18 Favre.
14 Fautras.
12 Fayet.
12 Fayolle.
4 Férino.
33 Férino (Ille.)
35 Perregaux.
11 Feuillant.
22 Fieffé. 165
32 Fleury (de). 342
15 Fleury (de).
4 Flories.
12 Floriot.
16 Flory.
16 Fontanes.
27 Fontenier. 277
31 Forié.
19 Fortin. 122
34 et 38 Fosses communes.
4 Fouchart.
25 Fougerêt. 186
41 Fould.
22 Fourcault. 175
26 Fourcroy.
11 Framery. 37
35 Framery.
32 François. 259
36 Franconi.
35 Frédy. 188
35 Frémont.
35 Frere.
16 Fressinet. 103
35 Fret. 425
19 Frias. 135
6 Friezc.
22 Froidure.
21 Fumeron.
23 Gabriel C.
13 Gagnard. 75
28 Gail. 154
12 Galichon.
37 Galle.
22 Gamot.
25 Gand (de). 189
5 Garcia.
8 Gardel-Habeneck.
14 Garnier. 90
21 Garran de Coulon.
32 Garreau. 315
15 Gaucourt.
11 Gauguier.
19 Gaultier.
22 Gauthier. 169
7 Gauthier-Leclerc.
13 Gautier (dame).
11 Gaviguier.
5 Gentil.
22 Geoffroy.
24 Geoffroy (professeur).
1 Georget.
3 Genneval.
14 Gérard.
7 Germain.
19 Germain. 131
26 Geslin.
26 Gibelin. 212
8 Gibert.
32 Gignoux. 377
26 Ginguené. 220
29 Girard.
36 Girard. 429
16 Girard (Noël).
6 Girardeau.
19 Gisors. 120
22 Glandaz.
33 Glandevès. 318
16 Gognet.
31 Golowine. 334
20 Goltz.
3 Gonin.
28 Gorneau. 151
15 Gossuin.
16 Gouchon.
14 Goudin.
10 Goulet.
21 Goupy.
32 Gourlhot. 234
22 Gousangré.
26 Gouscher. 211
9 Grandjean Montic
22 Grange (de la).
13 Grandprey.
38 Grasse. 326
16 Greban.
5 Greffulhe.
26 Grétry.
22 Grillon des Chapelles.
31 Groignard.
15 Grudé.
32 Guélaud. 237
15 Guérin (dame). 94
2 Guéritaut.
26 Guéroult aîné.
3 Guéroult.
20 Guibert.
22 Guillaume. 173
21 Guillaume.
11 Guillemain Vaivr.
10 Guilliard.
4 Gusman y Carrion 13
14 Guyart.
13 Guyot. 68
13 Guyot (dame). 69
14 Hagnion.
13 Hainguerlot. 71
31 Hallé. 281
11 Hanique. 35

PLAN

DU CIMETIÈRE

DU PERE LACHAISE.

TABLE ALPHABÉTIQUE ET INDICATIVE des lieux où sont placés les Tombeaux.

Nota. Le numéro placé à gauche de chaque nom correspond à celui du carré dans lequel son monument est placé sur le plan. Le numéro à droite de chaque nom se trouve dans le carré indiqué par le numéro de gauche, et sert à retrouver sur le plan la place des tombeaux, que la petite échelle du plan a empêché d'indiquer par leurs noms.

37 Abélard.
27 Abel de Pujol.
13 Aboville (d').
12 Abrantès.
12 Adanson.
32 Adet 358
33 Admirat 443
10 Affry (d')
21 Agasse 158
31 Agay (d'). 298
19 Alexandre 126
41 Alkan.
37 Allaire.
32 Allent. 356
36 Alvaro.
3 Amabert.
31 Anfrye.
26 Anglade (d'). 232
12 Angosse (d').
12 Anjorrant.
4 Anisson Dupéron.
4 Anselme (d').
22 Anthoine. 174
31 Apraxin. 346
33 Arberg (d'). 415
32 Arconati. 309
4 Arneva (d'). 16
10 Arnoux.
11 Asseline.
12 Astheley.
32 Aubrion. 324
5 Audiffret (d).
12 Auriol (d'). 48
32 Aury-Colombel. 300
21 Autichamp (d').
20 Avenel.
6 Babut.
32 Baculard d'Arnaud. 308
17 Bailly.
22 Baraguey.
26 Barascud.
31 Bardet. 290
35 Barilli.
20 Barillon (mlle.)
6 Barillon.
19 Bache. 114
32 Baron. 266
2 Baron.
32 Barnouin.
16 Barry.
14 Barthelmy.
7 Barthelmy.
8 Barow.
37 Bataille. 438
19 Bauvilliers.
18 Bavière (de).
13 Bayane (de). 58
19 Bayard de Plainville. 112
12 Bayart (famille).
15 Bayle.
7 Bazouin (famille).
11 Beaudeux.
31 Beaufils. 332
14 Beauharnais (de).
15 Beaumarchais (de)
27 Bédel. 282
28 Bédoyère (de la).
12 Bejot.
21 Béjot. 148
26 Bellanger. 215
12 Bellart.
1 Bellay.
7 Belleville (de).
15 Benneville (Ch)
26 Bérard. 217
5 Béraud.
12 Berckeim.
32 Bergon. 267
7 Bermuy (Jamain).
26 Bernardin de St-Pierre. 243
32 Bethfort. 255
31 Berthaud. 296
32 Berthereau. 301
32 Berthier (Léop.) 250
13 Berthier (dlle.)
17 Berthier (César).
29 Bertholle. 119
9 Bertin. 27
29 Bertin.
29 Bertin. 176
24 Bertrand.
26 Berwick.
15 Beurnonville. 95
25 Béthune (de).
32 Bezodis.
26 Biauzat. 205
16 Bidault.
7 Bidermann. 25
32 Billon. 381
24 Binet.
15 Biron (de).
28 Biron.
20 Bizet.
33 Bizouard. 400
22 Blacque.
19 Blagden.
26 Blanchard. 195
26 Blandin.
25 Blavette. 190
31 Bobée.
2 Bodin.
15 Boisgelin (de).
2 Boissart.
7 Boissier.
3 Boituzet.
14 Boode.
21 Bonnarie.
16 Bonjour.
22 Bonnefoi. 171
14 Bonnomet.
32 Boquestant (de).
11 Bordin. 40
33 Borel. 445
26 Bory. 262
22 Boscheron.
26 Bosquillon. 198
33 Bossi.
32 Bosson.
13 Boubers (de). 74
18 Bouchage (du).
15 Boucher (aîné).
15 Boucher (jeune).
17 Boucher.
13 D. Boucher. 83
19 Bouchez. 117
28 Boudé.
26 Boudet.
26 Boufflers (de). 210
33 Bougy (de). 323
13 D. Bouillette. 64
26 Boulade. 244
10 Boulage.
22 Bourdelet.
35 Bourdet.
12 Bourges (de).
6 Bourguignon.
7 Bourcke.
32 Bourlet de Vauxelles.
22 Bousquet.
22 Boyer de Rebeval.
1 Brandon.
33 Bretin d'Aubigny. 350
29 Breton.
29 Brézin.
13 Bricogne.
20 Brion.
22 Brochant. 26
6 Brochant de Villiers. 2
26 Brongniart. 217
29 Bronner Mars.
16 Brossin St-Didier.
20 Brouillet. 33
12 Browne.
4 Bruges.
27 Brune.
24 Bruix.
6 Buikelley.
32 Bureau. 349
27 Butler. 274
13 Cabin St-Marcel.
14 Cadet-Gassic. 80
37 Caboche.
29 Caillat. 181
21 Caille.
3 Callamard.
15 Callyot.
37 Calmer.
15 Cambacérès.
14 Camille-Jordan.
4 Campo d'Alang. 15
26 Capet. 207
31 Capperonnier. 291
36 Carcenac.
35 Carouge.
12 Cart.
21 Carton.
41 Carvalho.
12 Cassas.
32 Castelcioula. 370
10 Castella.
27 Castries. 279
12 Castro.
35 Catteau-Calleville
12 Cavaignac. 50
19 Cauvin.
36 Célerier. 419
11 Cely (Eon de).
4 César.
26 Chabot de l'Allier. 221
35 Chabrol.
6 Chagot de Fays.
35 Champagne.
12 Champcenetz.
2 Chanlaire.
33 Chapelle. 387
21 Chappe.
36 Charbonnet. 416
26 Charbonnières.
13 Charlard.
29 Charlus.
32 Chassevent. 313
9 Chasteignier.
32 Chasteloger.
19 Chastenoye. 111
37 Chataux. 432
17 Chaumeton.
35 Chavigny.
25 Chazerain. 191
9 Chemin.
26 Cheminot.
26 Chenier. 246
26 Chénier. 248
19 Chéradame. 115
5 Cheval.
7 Choller.
6 Chrétien de Libus.
33 Chrétien. 446
32 Cinot. 305
6 Clairet. 4
26 Claparède. 192
7 Clarac.
21 Clarcke.
12 Clary.
1 Clavier.
13 Claye.
25 Clément de Blavette. 190
32 Cochard. 351
8 Coghlan.
32 Coigny. 343 et 344
12 Coisin.
37 Colbert. 435
15 Collaud.
3 Collet.
15 Colloredo.
36 Colmet de l'Epinay. 428
18 Colmiers.
27 Colon. 261
15 Combas.
13 Combes.
36 Comminges. 423
7 Compans.
19 Constantin. 124
26 Contades. 233
35 Contat.
19 Contat.
31 Corbeau de St-Albin.
26 Cordier. 196
28 Coroller. 152
33 Cornu de la Fontaine. 218
12 Corot
19 Corsse. 123
27 Cottat. 283
15 Cottin.
3 Coulomb.
11 Coupé.
4 Courcelles. 20
11 Courcenay.
21 Coutanceau. 144
12 Courtin.
26 Courval. 253
27 Coutier 275
6 Craufurt. 6
31 Crissé. 331
27 Crouzet. 260
14 Cuvelier de Trie. 80
20 Crussol. 137
7 D'Abbadie.
26 Dadvizard. 236
17 Dagonaus.
37 Dallemagne. 431
4 Dalton. 18
14 Damas-Crux.
15 Damême. 14
32 Dandignac. 372
7 Dangirard.
32 Darbonne.
16 Dardel.
6 Darte. 9
11 Davella.
3 Davin.
5 David.
32 David. 308
18 Davous.
15 Davout.
5 Dauptin.
11 D. B.
27 Deal.
3 Decquevauvillers.
22 Debray. 184
15 Decrès.
13 Dehan. 81
10 Dejean.
3 Dejoux.
8 Delacour.
26 Deladreue. 230
13 Delahaye. 72
33 Delahaye. 444
2 Delaistres.
31 Delambre.
17 Delasalle.
21 Delcro.
26 Deleau. 225
7 Delépine.
26 Delille.
9 Delmas.
32 Delondres. 353
4 Delorme.
15 Demidoff.
5 Demoraine.
20 Denis de Villières. 142
10 Denisot.
13 Dessaint.
36 Desaix. 368
22 Désanges.
22 Desbarolles. 162
3 Descloseaux.
22 Descombes.
32 Descotils. 365
16 Desfammes.
10 Desfrancs.
2 Desmarest.
4 Desnoyers.
26 Despaux. 206
33 Desplaques. 439
22 Deux amis (sépult. pour deux) 163
26 Devaux.
33 Devins de Fontenay 406
3 Devins de Fonten.
41 Diez.
27 Dillon. 203
33 Dominière. 413
31 Dormer. 295
32 Douaud. 305
32 Dousse. 367
7 Dreyer.
31 Drouet de Santerre. 293
13 Droz. 63
24 Dubois Thainville
31 Dubouzet. 330
5 Dubuisson.
36 Duchesne.
32 Duclos. 345
33 Dufour. 403
26 Dufourny. 224
6 Dufresne (Triquillier) 1
12 Dufresne.
26 Dugazon. 248
21 Duhoulley.
31 Dukermont. 363
31 Dulau-Dallemans.
3 Dumanoir Toust.
12 Dumont, sculpt.
7 Dumont.
10 Dumouchel.
15 Dumuy.
5 Duplantier.
16 Dupaty.
16 Dupont.
26 Duport. 245
20 Dupuytren.
19 Durand. 134
20 Durecu.
26 Durst. 240
26 Dusaillant. 227
29 Dutheil.
33 Dutour. 411
17 Duval.
32 Duvernay. 304
17 Duvivier.
15 Eckmülh.
26 Ecquevilly.
3 Eglise (d').
12 Elisa.
9 Elysée (père). 29
19 Emmery.
36 Epinay (veuv.) 428
18 Essarts (des). 105
7 Eschérny.
14 Espagnac.
37 Espagne (d').
12 Esparron. 41
7 Espine (de l').
21 Eymar (d'). 150
22 Eyssautier.
4 Fabrègue.
31 Faget de Faure 288
25 Failly. 288
12 Faivre.
32 Favre.
18 Favre.
14 Fautras.
2 Fayet.
12 Fayolle.
4 Férino.
35 Férino (Ile.)
35 Ferregaux.
11 Feuillant.
22 Fieffé. 165
32 Fleury (de). 342
15 Fleury (de).
4 Flories.
2 Floriot.
16 Flory.
16 Foutanes.
27 Fontenier. 277
31 Forié.
19 Fortin. 122
34 et 38 Fosses communes.
4 Fouchart.
25 Fougerêt. 186
41 Fould.
22 Fourcault. 175
36 Fourcroy.
11 Framery. 37
35 Framery.
32 François. 259
36 Franconi.
25 Frédy. 188
35 Frémont.
35 Frere.
16 Fressinet. 103
35 Fret. 425
19 Frias. 135
6 Fritze.
22 Froidure.
21 Fumeron.
23 Gabriel C.
13 Gagnard. 75
28 Gail. 154
12 Galichon.
37 Galle.
22 Gamot.
25 Gand (de). 189
5 Garcia.
8 Gardel-Habeneck.
14 Garnier. 90
21 Garran de Coulon.
32 Garreau. 315
15 Gaucourt.
11 Gauguier.
19 Gaultier.
22 Gauthier. 169
7 Gauthier-Leclerc.
13 Gautier (dame).
11 Gavignier.
5 Gentil.
23 Geoffroy.
24 Geoffroy (professeur).
1 Georget.
3 Genneval.
14 Gérard.
7 Germain.
19 Germain. 131
26 Geslin.
26 Gibelin. 212
8 Gibert.
32 Gignoux. 377
26 Ginguené. 220
29 Girard.
36 Girard. 429
16 Girard (Noë').
6 Girardeau.
19 Gisors. 120
22 Glandaz.
33 Glandeves. 318
16 Goguet.
31 Golowine. 334
20 Goltz.
3 Gouin.
28 Gorneau. 151
15 Gossuin.
16 Gouchon.
14 Goudin.
10 Goulet.
21 Goupy.
32 Gourlhot. 234
22 Gousangré.
26 Gouscher. 211
9 Grandjean Moutic
22 Grange (de la).
13 Grandprey.
38 Grasse. 326
16 Greban.
5 Greffulhe.
26 Grétry.
22 Grillon des Chapelles.
31 Groignard.
15 Grudé.
32 Guéland. 237
15 Guérin (dame). 93
2 Guéritaut.
26 Guéroult aîné.
3 Guéroult.
20 Guibert.
22 Guillaume. 173
21 Guillaume.
11 Guillemain Vaivr.
10 Guilliard.
4 Gusman y Carrion 13
14 Guyart.
13 Guyot. 68
13 Guyot (dame). 69
14 Hagnion.
13 Hainguerlot. 71
31 Hallé. 281
11 Hanique. 35

www.ingramcontent.com/pod-product-compliance
Lightning Source LLC
Chambersburg PA
CBHW070741170426
43200CB00007B/605
9782014473728